| 新文科 · 华大公共管理书系 |

丛书主编 / 徐增阳

U1009845

地方政府防范征地冲突群体性事件路径研究

张　路 / 著

華中師範大學出版社

新出图证(鄂)字 10 号

图书在版编目(CIP)数据

地方政府防范征地冲突群体性事件路径研究/ 张路著. -- 武汉：华中师范大学出版社，2025. 5.（新文科·华大公共管理书系/徐增阳主编）-- ISBN 978-7-5769-0995-1

Ⅰ. F321.1

中国国家版本馆 CIP 数据核字第 20259AS895 号

地方政府防范征地冲突群体性事件路径研究

责任编辑：陈良军　　责任校对：童　雯　　封面设计：罗明波

编 辑 室：教师教育分社　　电话：027-67867370

出版发行：华中师范大学出版社

社址：湖北省武汉市洪山区珞喻路 152 号　　邮编：430079

电话：027-67863426（发行部）　　传真：027-67863291

网址：http://press.ccnu.edu.cn

电子邮箱：press@mail.ccnu.edu.cn

印刷：武汉邮科印务有限公司　　督印：刘　敏

字数：201 千字

开本：710mm×1000mm　1/16　　印张：13.75

版次：2025 年 5 月第 1 版　　印次：2025 年 5 月第 1 次印刷

定价：78.00 元

欢迎上网查询、购书

目　录

第一章 绪　论

第一节 选题背景与意义

一、选题背景

征地是经济社会发展过程中的必经阶段。基于全社会的经济发展水平、征地制度的建设现状、地方政府的行政能力差异、区域间的资源禀赋差异等现实状况，征地引发的群体性冲突风险在一定时期、一定区域内不可避免。党的十八届三中全会指出，要“坚持正确处理改革发展稳定关系，提高改革决策的科学性”；党的二十大报告强调，要“以新安全格局保障新发展格局”。对于地方政府而言，保障征地安全有序、维护社会稳定是国家赋予的职责职能，一方面要为经济社会发展用地需求提供保障，另一方面要把维护社会稳定与保障被征地农民合法权益结合起来，努力实现经济发展、土地征收、社会稳定的有机融合与良性互动。

习近平总书记在党的二十大报告中指出，“国家安全是民族复兴的根基，社会稳定是国家强盛的前提”。党中央充分重视地方政府在维护国家安全和社会稳定方面的重要作用，从党的十八届三中全会强调“地方政府必须着眼于维护最广大人民根本利益，最大限度增加和谐因素，全面推进平安中国建设，确保社会安定有序”，到党的二十大报告提出“夯实国家安全和社会稳定基层基础”，直接将国家安全和社会稳定结合表述，充分凸显维护国家安全和社会稳定重心在基层，力量也在基层。2020年1月1日，新的《中华人民共和国土地管理法》正式实施，明确规定了县级以上地方人民政府拟申请征收土地的，应当开展社会稳定风险评估。地方政府作为土地征收实施主体和征地冲突群体性事件防范主体，在努力寻求征地与经济、社会、文化等和谐共生的现实平衡点，探究征地冲突群体性事件防范路径方面做出大量有益的探索与实践。为了进一步指导征地冲突群体性事件的防范实践，党的二十大报告一方面要求“坚持安全第一，预防为主，建立大安全大应急框架，完善公共安全体系，推动公共安全治理模式向事前预防转型”，另一方面要求“公共安全一头连着经济社会发展，一头连着千家万户，必须既立足当前、着力解决突出问题，又立足长远、不断完善制度机制，提高公共安全保障能力，切实维护人民群众生命财产安全”。地方政府防范征地冲突群体性事件是“平安中国”的行动议程，也是中国道路的探索实践，在中央政府的高度重视和指导下，地方政府从微观层面做好防范征地冲突群体性事件的工作是社会发展的迫切需求。经过多年的征地冲突群体性事件防范实践，有必要从微观层面对地方政府的具体防范工作展开理论化、系统化的研究，将地方政府防范征地冲突群体性事件的工作实践，上升到防范路径的理论层面。

（1）地方政府防范征地冲突群体性事件路径是平安中国的重要组成部分

党的二十大报告中“安全”一词贯穿全篇，共出现了91次，创历年之最。报告明确了构建新安全格局的战略任务，并用专章对推进国家安全体系和能力现代化、坚决维护国家安全和社会稳定进行了全面部署。党的十八大以来，习近平总书记对平安建设高度重视，提出建设平安中国的战略目标，要求深入贯彻落实党的十八大精神，把平安中国建设置于中国特色社会主义事业发展全局中来谋划，紧紧围绕“两个一百年”奋斗目标，把人民群众对平安中国建设的要求作为努力方向，在更高起点上全面推进平安中国建设，努力建设领域更广、人民群众更满意、实效性更强的平安中国，为全面建成小康社会、夺取新时代中国特色社会主义新胜利作出新贡献。同时还明确了坚持系统治理、依法治理、综合治理、源头治理的总体思路，对深入推进平安建设提出新要求。中央政法委、中央综治委先后召开苏州会议、杭州会议、武汉会议，深入学习贯彻习近平总书记重要指示精神，对深化平安中国建设作出全面部署。各地有关部门把平安建设置于中国特色社会主义事业总体布局中来谋划，树立大平安理念，不断拓展内容、健全机制，推动平安建设深入开展。

征地拆迁是矛盾频发、群体性冲突多发的集中领域，诱发的征地冲突群体性事件对维护社会和谐稳定、保障人民安居乐业造成一定的负面影响。征地冲突群体性事件的发生是一个从萌芽到成势、从量变到质变的过程，能否通过采取针对性措施有效化解征地纠纷、矛盾，预防征地冲突群体性事件发生，是对平安中国建设的直接检验和衡量标准。地方政府既是征地工作的生产主体，又是防范征地冲突群体性事件发生的责任主体，在多年的具体实践中总结出防范征地冲突群体性事件的丰富经验，如引入征地社会稳定风险评估机制、运用人民调解进行纠纷化解、创新多样化的被征地农民保障机制等，取得明显成效。在经济社会快速发展的背景下，党中央提出建设平安中国的战略目标，是对防范征地冲突群体性事件发生提出更高标准，对作为地方行政主体的地方政府创新思路、开拓防范征地群体冲突路径提出更高的行政要求。习近平总书记对平安中国建设明确提出源头治理的战略思路。所谓源头治理，就是要求地方政府对待征地冲突群体性事件要尽快从“群体冲突发生后治理”向“群体冲突发生前防范”转变，扎实做好征地矛盾纠纷源头预防化解工作，将地方政府探究防范征地冲突群体性事件路径纳入建设平安中国的行动议程中来，下大力气解决影响或可能影响社会和谐稳定的征地冲突群体性事件这一突出问题，花大心思做好征地冲突群体性事件防范这一源头性、基础性工作，努力从源头上预防和减少征地冲突群体性事件对社会和谐稳定的影响，从而在更高起点全面推进平安中国建设，在推进征地冲突群体性事件防范路径方面助力平安中国建设。

(2) 地方政府防范征地冲突群体性事件路径是中国道路的探索实践

地方政府防范征地冲突群体性事件路径的形成并不是一蹴而就，而是在漫长的解决征地纠纷和矛盾中逐渐形成的，是基于我国特定的历史文化、经济状况和发展程度，在社会发展的动态过程中缓慢形成的。改革开放以来，我国城市化进程加快，大规模征地引发一系列的征地纠纷和矛盾，征地冲突群体性事件不断在各地发生。面对错综复杂的征地利益纠纷、矛盾，地方政府通过加快制度建设进程、改进防范工作策略、增加防范投入经费、规范政府征地行为、调整利益分配结构等改革措施，在较短时期内积极探索出符合中国国情的征地冲突群体性事件防范路径，通过主导大量的征地冲突群体性事件防范实践工作，总结出丰富的群体性冲突防范经验和教训，并不断进行防范策略改进和防范制度建设，逐步探索出具有中国特色的地方政府防范征地冲突群体性事件的有效途径。

地方政府防范征地冲突群体性事件路径，是在经济建设快速发展过程中地方政府调解人民内部矛盾的路径，更是建设中国特色社会主义道路的重要组成部分。习近平总书记在党的二十大报告中指出："坚持中国特色社会主义道路。坚持以经济建设为中心，坚持四项基本原则，坚持改革开放，坚持独立自主、自力更生，坚持道不变、志不改，既不走封闭僵化的老路，也不走改旗易帜的邪路，坚持把国家和民族发展放在自己力量的基点上，坚持把中国发展进步的命运牢牢掌握在自己手中。”“中国道路”的内在机理与运行模式决定了地方政府可以形成强大的统一意志和组织力量，把一切经济政治社会资源都组织调动起来，统一行动，快速高效应对各种征地冲突群体性事件。由此看出，地方政府防范征地冲突群体性事件的路径是在既定国情下，针对征地冲突群体性事件的具体问题，以正确处理改革、发展、稳定为前提，由我国人民用数十年的时间在中国大地上探索出适合自己的防范策略和办法，是符合自身特点的防范道路。

（3）地方政府防范征地冲突群体性事件路径建设是社会发展的迫切需求

进入21世纪，我国经济快速发展，大规模的土地征收在全国范围内铺开，自然资源部2024年3月份发布的数据显示，2024年1～2月，全国农用地转用和土地征收批准面积37591.70公顷（56.39万亩），同比增长35.16％。张清勇等（2020）“千人百村”调查显示，接近20％征地超出了公共利益范围，征地有发布通知或公告的只占71.9％；地方政府存在对征地程序和要求落实不到位的情况，公告、协商以及公开收入的工作仍存在不足；40.2％的农户征地后生活水平下降、收入降低、不适应新生活，超过70％的农户对征地不满意，进而诱发征地冲突群体性事件。近年来，山东平度市征地纵火、陕西永寿县征地冲突致一村民死亡、广东梅州市征地暴力执法等征地冲突群体性事件屡屡曝光，引发社会广泛关注。征地冲突群体性事件的安全隐患及发生对国家法制秩序、治安秩序、交通秩序均产生一定的冲击和破坏，影响社会安宁，扰乱了社会正常的工作、生产、生活秩序。越来越多的群众采取各种极端行为发泄不满情绪，给国家和社会造成较大的损失，甚至影响局部地区的社会稳定。

征地矛盾、纠纷、冲突风险不可避免地伴随整个征地过程。依据国家新型城镇化规划(2021—2035年)，城镇化将在未来一段时期内全面深化推进，土地征收面积的扩大趋势还将持续较长一段时间，征地冲突群体性事件发生风险仍然持续存在，征地冲突群体性事件的防范形势依然严峻。地方政府作为地方行政主体，既要谋求地方社会经济发展，又要保障地方社会发展稳定，如何寻求征地中发展和稳定的突破路径，在有序推进征地的同时又防止发生征地冲突群体性事件是其面临的紧迫问题，也是当前城镇化发展背景下的现实命题。尽管在较长历史时期内，地方政府推出大量丰富而又有益的改进措施，包括成立征地社会稳定领导小组、及时调整并更新补偿标准等，有效化解了一部分征地纠纷和矛盾，预防、制止、治理了一定数量的征地冲突群体性事件，为保障经济发展和社会稳定起到显著作用。但整体来看，对于征地冲突群体性事件的防范，仍主要依赖发生某个群体性冲突事件告警后地方政府所采取的联动措施，征地冲突群体性事件防范效果取决于告警产生和响应的及时性，往往是发生冲突或群体性冲突后才有所响应。因此，在社会经济快速发展的背景下，地方政府对于征地冲突群体性事件发生的防范路径建设是十分紧迫而又现实的重要问题。

综合来看，征地冲突群体性事件发生风险一方面来源于现行各种制度的缺陷，另一方面来源于地方政府自身的行政过程。伴随工业化、城镇化的推进，征地拆迁不可避免，如何最大程度将征地冲突群体性事件安全隐患降低或消除在萌芽状态，是地方政府直面的理论和现实命题，科学找寻地方政府防范征地冲突群体性事件的最优路径便显得尤为迫切。尤其是在平安中国、中国道路、中国梦、依法治国、政府职能转变等新时期，以习近平同志为核心的党中央对社会发展提出更高的目标和要求，在这一现实背景下，开展对地方政府防范征地冲突群体性事件路径系统性、理论性、全面性的研究显得更有现实意义。

围绕这一主题，有一系列的问题亟需解答和解决，如地方政府防范征地冲突群体性事件路径包括哪几个维度，分别包括哪些路径类型，不同路径类型表现出什么具体特征，其运行过程又是怎样的，整个路径网络的结构是怎样的，如何进行路径优化等系列问题。这就要求我们将地方政府在长时期征地冲突群体性事件防范过程、实践、经验、教训进行理论层面的概括、剖析、凝练，从而对防范路径有较为全面的理论认知和现实认识。对地方政府防范征地冲突群体性事件路径的研究既是重大的现实关切，也是重大的理论期许。

二、选题意义

（一）理论意义

（1）比较、辨析并界定了地方政府、征地冲突群体性事件、防范路径等基本概念的内涵、外延、边界，丰富并发展了地方协同论、突变论、耗散结构理论、复杂系统理论、风险管理理论等相关基础理论。

（2）揭示了征地冲突群体性事件的一般防范规律，运用地方政府防范征地冲突群体性事件防范路径的系统动力学实证模型，验证了防范系统的耗散结构假说，深化了系统科学理论在群体性冲突防范相关研究中的实际运用。

（3）凝练地方政府防范征地冲突群体性事件路径的诸多理论要点，丰富了公共管理学科理论体系，为后续围绕地方政府防范征地及相关领域群体性冲突的研究提供理论指导与观点借鉴，并提供了具有指导意义的理论分析框架。

（二）现实意义

（1）总结地方政府防范征地冲突群体性事件路径的实践经验，为地方政府维护社会稳定、保障征地安全生产提供实践参考，对具体的征地冲突群体性事件防范工作给予思路借鉴，为从源头上解决征地冲突群体性事件问题提供经验支撑。

（2）展示地方政府防范征地冲突群体性事件路径的“中国道路”特色，凸显中国政府国家治理水平的道路自信，丰富了地方政府在改革发展中化解人民内部矛盾的“中国经验”，为实现“中国梦”提供战术指引。

（3）为地方政府防范征地冲突群体性事件路径建设矫正思路偏差，帮助地方政府摆脱防范征地冲突群体性事件的实践困境，为地方政府做好群体性冲突防范工作创新思路，在更高的起点和标准上助力“平安中国”建设。

（4）向国际社会传递中国对征地冲突群体性事件防范之道的深刻认识，输出中国政府防范征地冲突群体事件的国际经验，为发展中国家和不发达国家政府防范征地及相关冲突群体性事件提供道路和方案借鉴。

第二节 国内外文献综述

一、国外相关研究进展

与我国国有土地和集体土地所有制不同，国外征地冲突防范仅是土地冲突防范的一部分，地方政府防范土地冲突的研究还包括矿山管理冲突防范、农民和牧民之间的冲突防范、土地利用冲突防范等几个领域。涉及的国家和地区主要包括美国、德国、印度、罗马尼亚、乌干达、巴布亚新几内亚、瑞士、苏丹、德国、新加坡、意大利、西班牙、越南、老挝、埃塞俄比亚、加纳等。

（1）政府防范土地冲突的综合路径

协同决策被认为是国际防范和调解土地冲突的重要策略。Martin

Unger and Tobia Lakes(2023)认为促进土地协同利用，可以为实现环境和气候保护目标以及可持续发展做出重大贡献，也有助于防范土地利用冲突。Alfath Satria Negara Syaban and Seth Appiah-Opoku (2024)也强调协同治理、社区参与对缓解土地利用转型中相关冲突问题有重要作用。Tobias Fasth et al.（2020）认为土地规划应由多个行动者和利益相关者协同决策，求解不同冲突水平，从而生成一组帕累托有效的行动组合，避免土地利用冲突。Nobukhosi Ngwenya and Liza Rose Cirolia(2020)提出在国家和占领者之间以及在国家内部都存在着冲突风险，权力的差异是造成土地冲突的重要因素，因此需要协同各方利益化解冲突。Innes and Booher(2010)概括了合作协同的合理理论，并具体演示了协商的动态过程。Healey(2006)也提出一个全新的协同决策规划的制度框架。Forester(2013)认为在协同决策过程中一个积极有为的负责人非常重要。Novri Susan(2013)运用场景构建分析法探讨了2012年印度尼西亚议会通过的关于社会冲突干预的七号法在土地冲突管理中的应用，研究认为土地冲突的防范必须将法律法规、防范机制、防范步骤、风俗习惯、政治考量等纳入统一的制度框架，这样才能实现综合全面防范土地冲突。

Juan J. Rivero(2023)提出在土地规划中要充分考虑地方特色和可行性，从而避免冲突。Valentina Raimondi and Margherita Scoppola (2020)认为海外土地投资的冲突受投资国和目标国的腐败程度的影响，更少的腐败有利于大型土地收购。Iwona Cie'slak and Andrzej Biłozor (2021)研究得出人类活动引起社会争议的地区具有地区脆弱性，易发生土地冲突，需加强防范的结论。Lotte de Jong et al.（2021）提出人口增长、土地权利重叠、民族分裂和经济不平等是土地利用冲突的根本原因，而土地价格上涨是最常见的近因。Sattwick(2020)认为征地严重依赖绝对所有权和控制权，忽视了多元土地价值塑造社会公民观

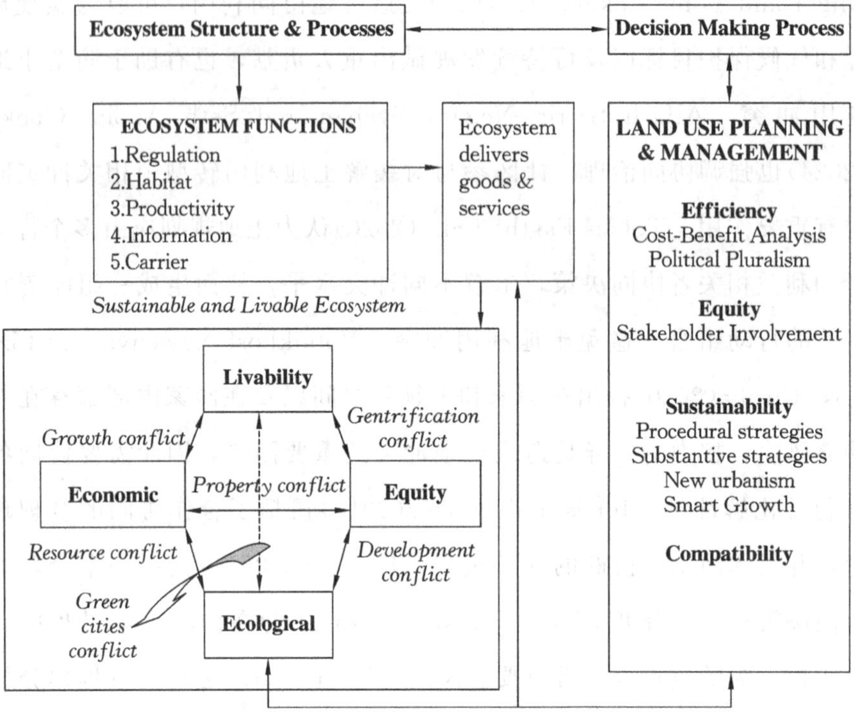

图 1-1 土地冲突防范和治理的合成模型

（Mayers Ng Mei Sze，Benjamin K. Sovacool，2013）

念的不同方式，应充分考虑公民意愿，以确保市场价格服从于社会正义的理想。Roni Susman et al.（2021）提出管理不善和规划过程不充分导致市场失灵、土地被遗弃以及大型项目的成本承担问题，是造成沿海地区大型基础设施项目中土地使用冲突的主要原因。Saturnino M. Borras Jr. and Jennifer C. Franco(2024)在土地掠夺、土地抢购的基础上引入土地热潮的概念，并探究土地热潮如何扰乱全球社会生活、引发土地冲突。Babette Wehrmann(2008)通过大量案例的总结分析，对土地冲突的发生、影响系统分析，认为要防范土地冲突，需要从土地冲突预警、建立健全土地市场、提高土地利用管制三个方面着手。Maser and Pollio(2012)认为对冲突预先感知对于土地冲突的防范和管理非常重要。Mwajaide et al.（2009）提出要充分了解并调查利益相关主体的利益诉求。Schellenberg(1996)，Zarafshani et al.（2005）从心理学的角度研究土地冲突防范问题，认为可以通过控制和调节个体的行为来防范土地冲突发生。

对于不同国家的冲突防范比较分析，Gabriel Chablé-Rodríguez et al.（2022)通过建立评估土地利用变化和冲突的分析框架，对墨西哥东部土地利用冲突进行分析和预测，以评估适用于该领土的土地利用变化政策。Luke Moffett et al.（2023)认为北爱尔兰的失地纠纷中缺乏冲突后或过渡时期司法计划，应通过行政赔偿程序处理纠纷。ACHAMYELEH GASHU ADAM(2020)认为埃塞俄比亚地区开发商开发土地容易造成土地冲突，城市边缘地区的城市空间扩张和发展计划需要政府有目的地干预，以实现在不冲突的情况下容纳各方利益。Nguyen Tran Tuan(2023)研究得出越南地区征地不能保证失地家庭的公平，农业用地的补偿率低且人们获取土地信息的权利不受重视的结论。Siebert(2021)认为德国城乡接合部的土地冲突具有多样性，要根据经验因地制宜解决不同冲突。Philipp Horn(2022)认为在玻利维亚地区农村到城市的土地利用转型中国家缺席、监管和规划不足是导致土地冲突的直接原因。Baba et al.（2009)认为罗马尼亚土地冲突问题解决成功的案例较少，是因为在政策制定决策过程中缺乏有效的公共参与。Stringer et al.（2009)也针对罗纳尼亚的土地冲突问题进行研究，发现由于政治和历史原因，各利益主体间达成的最终决议因相互不信任导致不能顺利推行。Klaus Deininger(2006)研究了乌干达土地冲突的发生、影响和防范，认为地方政府必须高度警惕土地冲突带来的负面影响，就目前处理情况来看，政府干预措施并没有有效遏制土地冲突发生，传统的防范机制反而增加了土地冲突的发生率，尤其是对于女性权益保护的缺失促使土地冲突防范的难度大大增加。Reimund Steinhäußer et al.（2015)研究了德国国家和区域层面的土地冲突问题，发现利益相关者的有效参与是防范土地冲突非常重要的方式。Mayers Ng Mei Sze and Benjamin K. Sovacool(2013)对三个地区案例比较，分析研究了新加坡的土地冲突管理问题，指出 efficiency、equity、sustainability、compatibility 是防范和治理土地冲突的四个重要理念。

(2) 政府防范征地冲突的路径

对于征地冲突问题的防范与治理，Marcello De Maria et al.(2023)认为迄今为止还没有发展出任何经济理论来具体分析征地公平补偿，随着征地冲突风险的迫近，政府应该基于土地交易的特殊性构建合理的公平补偿体系。Laura Notess et al. (2021)对非洲、亚洲和拉丁美洲 15 个国家的土地征收程序进行分析，指出法律法规、监督框架以及公平和无障碍的冲突解决机制对缓解征地冲突有较大作用。Alan T. Murray and Richard L. Church(2023)引入了一种新的模型公式来解决多重土地征用问题，该模型可应用于涉及数万个空间规划单元征地的问题。Anastasia Hernández-Alemán et al. (2022)认为土地征收补偿除了考虑传统的直接使用价值外，还必须包含非使用价值、间接使用价值和选择价值。Mathijs van Leeuwen et al. (2020)研究得出政府单靠调解无法有效解决土地纠纷，应充分考虑征地冲突的根源，即人们在获得土地方面感受到的结构性不公正以及农户的谋生困难问题的结论。Urresta(2004)认为第三方中介组织的介入是解决征地纠纷的首要措施，因为有效的中介组织灵活性较强，能够保证征地纠纷处理的公平、透明，产生各纠纷团体参与讨论的具有法律效力的解决措施。Kandakasi(2004)也认为征地冲突各纠纷群体在进入法律裁决、诉讼议程之前，应当努力寻求第三方中介组织的协调。

Meike Fienitz and RosemarieSiebert(2022)认为政府应在土地使用规划和治理中解决冲突，进行适当的冲突管理，并为当地提供足够的资源来缓和征地冲突。Yang Tang(2021)针对不同类型的农地征收冲突，构建农地征收中多维冲突的多阶段 Van Damme 模型，探寻诉讼和解与非诉讼和解下地方政府与农民行为演化的稳定平衡点。López (2022)认为土地征收效果与政治改革和博弈密切相关。Lara M. Lundsgaard-Hansen et al. (2022)指出搭建多利益相关者平台是一种解决征地冲突的有效手段。Eddie C. M. Hui and Haijun Bao(2013)运用博弈分析方法构建了征地冲突防范理论框架，解释了地方政府和被征地农民之间的冲突防范逻辑和策略，指出地方政府忽视农民权益是造成征地冲突的主要原因，制度缺陷是根本原因；对于征地冲突的防范，地方政府应当在法律层面界定土地征收中公共利益的界限，建立征地多利益主体相互协商和决策的行动议程，还要完善并保障被征地农民的诉讼权益。Terri Mannarini et al. (2015)以意大利高铁项目征地冲突防范为例，运用错误共识效应(False Consensus Effect)分析了征地过程中的群众错误心理共识效应及其变化过程，认为要防止征地冲突的发生，必须合理引导群众舆论，用事实排解群众心中疑惑。

Vong Nanhthavong et al. (2021)认为老挝大多数征地行为会对农户福祉产生不利影响，必须保护小农的土地使用权。Prince Donkor Ameyaw and Walter Timo de Vries(2021)指出加纳的土地征用中多重销售、大量非官方收费、官僚主义、不合格的中间商介入以及缺乏透明度等问题是引发征地冲突的关键。Theodora-Ismene Gizelis et al. (2021)对非洲的调研显示人口压力对城市周边地区的征地冲突影响最为深远，城市人口的高速增长可能会使城市地区的公共服务供应紧张，加剧征地矛盾。Wordsworth Odame Larbi(2004)研究了加纳土地征收的政策与实践发现，放宽法律限制、将土地管理权限由中央政府下放到地方政府、强制性土地征收应当以市场基础为准则等是地方政府防范征地冲突的制度保障。同时，Aryeetey and Tarp(2000)、

McAuslan(2000)提出，所有防范措施必须严格在法律框架下运行，以此才能最大程度降低防范过程中存在的运行风险和强制性征地权力所带来的不确定性。

Chengri Ding(2007)对中国土地征收问题研究发现，地方政府对于征地冲突的防范应当保证征地程序的公开和透明，做到公开参与，并在法律的框架下实施，让农民作为被征地主体参与征地过程，并为失地农民提供技能培训、社会保障等以帮助他们在城市生活。

对于征地冲突防范方法的研究，Game-theoretic Roots(Kilgour，1995)，Meta Game Analysis(Nigel，1971)，Hyper Game Analysis(Bennett，1980；Wang，et al.，1988)，Conflict Analysis(Fraser and Hipel，1984)，Drama Theory(Nigel，1999)，The Theory of Moves(Brams，1994)等人的方法被广泛应用。

(3) 政府防范矿山管理过程中土地冲突的路径

Iwona Markuszewska(2021)认为煤炭开采阻碍了农业生产，因此采矿能源项目遭到来自农业社区的邻避反对，应采用技术办法来解决在获取能源方面的土地使用冲突，如使用可再生能源的技术。Taşkın Deniz Yıldız (2020)基于对土耳其采矿作业前私人土地征用问题的调研，指出地方政府难以妥善解决土地所有权问题导致征地工作难以完成，引发社会冲突，损害各方利益。Shackleton R T (2020)基于对南非采矿作业征地问题的研究，指出地方政府未能在征地过程中充分保障农户现金收入、储蓄和家庭粮食安全，对其生计可持续发展造成负面影响，激化冲突矛盾。Gavin Hilson(2002)研究了巴布亚新几内亚矿山管理过程中地方政府对土地冲突的防范与治理问题，发现当地政府在土地冲突过程中的综合调控较少，地方政府行政不作为严重，要想减少和避免发生冲突，应该从着重提高社区协商在各个团体矛盾的重要性、地方政府应该充分扮演土地冲突矛盾的主导角色、适度提高当地居民的补偿金等方面协调土地冲突矛盾。

J. S. Andrew(2003)研究了小型矿山领域的土地冲突问题，认为第三方中介调解是有效防范土地冲突的重要方式，但对土地冲突的预防并不是万能的。Ayling RD and Kelly K(1997)通过研究由争夺自然资源引发的土地冲突问题发现，合法权益保护的缺失是形成土地冲突的重要原因，同时如果地方政府防范土地冲突管理系统一旦崩溃，那么许多发展中国家将难以从国家层面协调并遏制冲突。Hilson G (2002)认为大型煤矿公司和本地居民之间的土地冲突主要是缺乏有效沟通，煤矿公司没有兑现委员会的承诺，由侵蚀、沉降等造成不可预期的环境污染事件等综合引发。

(4) 政府防范土地利用过程中土地冲突的路径

当前土地利用冲突在全世界普遍存在，主要原因包括没有严格执行土地利用和环境保护政策(Todd K. BenDor，et al.，2022)，监管力度不到位(Laura Notess，et al.，2021)，严重缺乏公民在政策制定过程中的参与(Tobias Fasth，et al.，2020)，对政府机关不信任(Simona R. Gradinaru，et al.，2023)以及经济利益驱动(Jyoti Shukla，Piyush Tiwari，2022；Tan，Melaku Bogale Fitawok，et al.，2023)。

Todd K. BenDor et al. (2022)指出开发权转让项目改变了地块之间的开发强度，有利于地方政府保护农田或历史遗产等资源，同时增加一些地区的发展机会，缓和土地冲突。Simona R. Gradinaru et al. (2023)研究得出地方政府提高城市竞争力和吸引私人投资的政策意图在实践中易引发征地冲突，应多维度细致考虑土地利用规划。Meike Fienitz et al. (2021)认为地方政府调解与谈判在解决城郊和农村地区的土地纠纷中起着重要作用。Muhammad Alif K. Sahide et al. (2021)通过建立以行为者为中心的框架来衡量潜在冲突和明显冲突，并关注冲突行动者之间互动的层次，制定适当的干预政策，以达到可控状态。Marcela Alonso Ferreira(2023)认为地方政府对其管辖区土地所有权的要求发挥了相关作用，官僚们使用技术专长来抑制政治影响并协调冲突，将城市土地规划和官僚主义联系起来。Constantina Alina Tudo et al.（2014）比较研究了瑞士和罗马尼亚如何成功解决土地利用冲突，发现瑞士的土地利用冲突治理要明显优于罗马尼亚，主要原因在于瑞士政府高度重视土地利用的可持续性和公平性，而罗马尼亚政府过于追求土地经济效益的快速变现、缺乏长期的土地空间规划、缺乏针对环境的强制性保护措施及实施、缺少政策制定的公众参与环节。

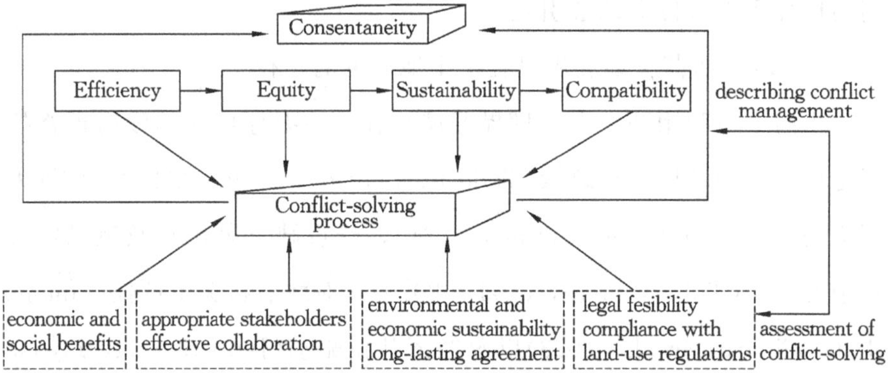

图 1-2　土地利用冲突防范标准和非标准解决框架

（Beck，2004；Orr，et al.，2008；Sze，Sovacool，2013）

（5）政府防范农牧地间土地冲突的路径

Cécile Richetta(2022)认为地方基础设施能力差和土地竞争加剧易造成土地冲突，非洲地区存在大量农牧地间土地冲突。Melaku Bogale Fitawok et al.（2023)认为由于日益失控的土地利用变化和城市扩张，城市边缘地区的农牧民正在努力维持生计，他们大多对土地征收感到不满。土地征收补偿不足、城市扩张过程中缺乏良好的治理、基础设施的不可及性是城市边缘地区农民反抗征地的主要原因。Sergi Basco et al.（2023)认为土地改革设计不当会减少农牧民收入，收入减少的冲击将加剧集体行动的冲突。此外，农民和牧民之间的土地冲突问题在苏丹十分普遍，吸引了大量学者展开研究(e. g.，Abdul-Jalil，2008；Siddig et al.，2007；Sulieman，2013)。Yahia Omar Adam et al. (2015)研究了苏丹中部地区农民和牧民之间土地利用冲突的感知和地方政府应对机制，总结出 14 种土地冲突防范策略，包括面向问题方法策略(Increase farm/herd size、Relocate farm/herds、Multiple farm plots/herd splitting、Increase labor input、Bought food crop/herd feed、Early harvesting/stock disposal、Supplementary occupations、Stayed late on farm/herd at night)、社会寻求帮助型应对(Help from religious leaders、Help from relations/friends、Help from tribal leaders、Help from government、Insurance policy)、情感导向型应对(Prayed for peace、Drugs/alcohol)。

Matias Ricardo Gellert Parisa and Andreas Rienow(2023)利用遥感和土地冲突数据库监测分析出土地覆盖变化、冲突，认为空间发展举措遵循国际投资的政策和制度安排。Rashid Solagberu Adisa(2012)运用 Problem-oriented coping strategies(POCS)，Emotion-oriented coping strategies(EOCS) and Social support-seeking coping strategies (SSCS)三种分类方法，提出尼日利亚农民和牧民之间的土地冲突防范机制，即地方政府的防范具体策略包括地方政府必须充分介入土地冲突调节之中，尝试成立土地冲突调解委员会、充分发挥 NGO 组织的调解作用，实施教育引导干预土地冲突等。

二、国内相关研究进展

(1) 地方政府行为

马万里(2024)基于行为经济学视角，指出地方政府行为是“制度—心理”有机互动下的地方官员能动活动塑造出来的，地方治理具有差异性、多样性。杨建坤(2024)认为中央督察对地方政府行为规范有突出作用，有利于地方政府对中央政策的有效落实。唐曼和王刚(2021)基于多案例分析，指出地方政府行为模式具有模仿现象，学习特色经验的同时要注意治理创新。王刚和郑欣(2023)认为运动式治理的存在对地方政府行为的诸多方面产生了深刻影响，“累加任务”作为其目标有效优化了地方政府行为。余成龙和陈尧(2023)对上海市的田野调查表明，地方政府治理应充分发挥信息优势。田润宇(2010)从政府偏好、政府过程、政府工具三个视角分析了地方政府行为，认为地方政府基本特征包括上级政府需求主导型政府偏好、精英政策模式为主轴的政府过程和强制性工具为主体的政府工具选择结构。叶托(2012)运用逻辑场域的分析框架发现，地方政府在经济建设领域的行为目标是发展经济，行为策略是经营辖区；在社会福利领域的行为目标是低水平供给，行为策略是保底执行中央政府的福利政策；在社会秩序领域的行为目标是不出事，行为策略是机会主义。何显明(2007)发现地方政府不仅能够根据自身的偏好选择性地执行中央的政策，履行自己的职能，还可以根据自己的效用目标来配置其拥有的越来越丰富的公共资源，甚至还可以在一定程度上凭借自己同上级政府的博弈经验或者地方的经济实力，超越自身权限，突破政策界限，自主地把握政府行为的边界。

金江峰(2024)指出应警惕地方政府行为中的“经营生态”现象，规避其潜在风险。陈黎明等(2024)考量财政分权对经济绿色转型的影响，得出财政分权促进地方政府绿色投入进而推动绿色转型。张敏和马万里(2024)认为财政纵向失衡背景下，需要加强监管，防范地方政府偏离行为。王艺潼和周志忍(2023)指出地方政府治理应兼顾发展与安全，维护社会稳定。王瑞雪等(2023)认为提高地方治理能力有助于缓解资源环境压力，要充分发挥地方政府对生态文明建设的重要作用。朱玉明(2006)、黄燕等(2006)认为：地方政府行为具有明显的利益取向性，地方利益的最大化是地方政府行为的合理化目标。但由于制度安排中的缺陷和政府官员的经济人特性驱使，地方政府行为的利益回报分化为地方利益、政府利益、官员利益三个层次。地方政府利益和官员利益的膨胀首先归因于目前地方政府行为的制度环境。吴江、王斌和申丽娟(2009)认为市场的不足和政府的职能，决定了中国新型城镇化的健康有序发展仍然需要政府有效参与和有限干预，但要注意地方政府在传统城镇化进程中行为的偏差及其影响。王珺(2004)认为，随着地方政府行为的绩效评价与激励机制变化，地方政府以增长为取向的适应性调整策略可能不会改变，但增长取向将会发生以协调发展为取向的调整。王扬亭(2014)以新型城镇化为研究背景，以地方政府行为为研究主题，结合地方政府在城镇化进程中行为失范的表现，总结出地方政府行为失范的内在原因，提出在新型城镇化进程中实现地方政府行为优化的路径选择。

对于土地征收过程中的地方政府行为，李琴等(2024)指出地方政府应当将被征地农民纳入相应的养老保障体系，高水平征地养老保险能有效弥补征地对农民造成的损失，缓和征地矛盾。阎巍和唐旭丰(2023)认为地方政府在未得到批准的情形下便开始拆除房屋、支付款项、安置被征收人的现象在实践当中大量存在，严重损害被征收人合法权益，应完善相关法律保障体系。王永香等(2023)认为近三十年征地需求激增给地方政府治理带来新的挑战，地方政府只有有效处理促进经济增长与保障农户利益之间的矛盾，才能缓和征地冲突。庞明礼和梁靖柯(2024)构建了层级失配的解释框架，并指出领导注意力驱动有利于法治建设相对薄弱地区的基层治理，保障征地工作顺利进行。关土荪(2009)、王晓慧(2012)分析地方政府的行为目标以及征地过程中地方政府的独特地位，揭示了征地过程中地方政府行为的偏失，包括地方政府滥用土地征用权、地方政府寻租、地方政府违反征地相关法律法规的行为。焦毅(2013)揭示了地方政府在征地过程中诸多不合理行为的根源，对地方政府的征地行为是否守规和创新进行分类，分析了地方政府绩效考核制度和人事制度对地方政府征地行为的影响。同时，对于如何规范地方政府征地过程中的失当行为，张学辉等(2009)研究农地非农化过程中地方政府行为后认为，要从根本上解决农地非农化过程中存在政府追求短期政绩最大化的目标的问题，必须从制度上设计更有效的激励机制来规范地方政府的行为。焦毅(2013)提出从基本原则、制度约束、政府理念等方面规范征地过程中地方政府行为。刘金凤(2013)提出地方政府要实现自身行为的完善，并强化对征地相关机构的监督和管理。

(2) 地方政府治理现代化

林仁镇等(2023)和王猛(2023)认为纵向政府间在开放试点中实现了协同，有利于政府间资源整合和政府治理现代化的实现，因此打开“过程黑箱”对地方政府治理创新十分关键。陈桢和王新星(2023)聚焦中国地方治理实践，指出要注重数字治理的应用，推动“智治”与基层治理现代化。江文路和张小劲(2023)认为要推动地方政府数字化转型，用数字化推动治理能力现代化改革。王世俊(2014)、唐天伟等(2014)指出地方政府是推进国家治理现代化战略的重要主体，并从治理体系与治理能力两个方面构建了地方政府治理现代化的测度指标体系。郁建兴等(2011)提出地方政府治理变迁本身属于城市化过程，在城市化进程中，地方政府得以强化公共服务与社会管理等本质职能，而且还可实现治理体制机制的超越与创新。总体来看，当前地方政府实践过程中，存在“泛治理”现象，无视治理行为的具体适用性，将治理理念、原则和机制无边界地拓展到无关联情境当中(安建增，2015)，从而导致失衡的政府能力结构、错位的政府治理目标和惯性的政府治理方式等问题(林兴初，2015)，“强发展、弱治理”促使干群关系紧张、政民对立增加、政府公信力下降等局部治理危机不断发生(张紧跟，2014)。

对于地方政府治理现代化的方向，邓雪(2023)认为加强智慧城市建设有助于地方政府治理现代化转型，科技发展水平、财政资源和需求压力是影响智慧城市发展水平的关键因素。翁士洪和波拉提江(2024)基于创新基层治理实践，指出物业化管理模式的“试点—推广”有利于促进地方政府治理能力现代化。朱春奎和廖福崇(2023)研究发现，我国政府治理数字化转型主要有三条路径——发展驱动路径、需求回应路径和竞争压力路径，这三种路径组态具有较强的稳健性，应推进基层政府治理数字化发展。杜博士和吴宗法(2023)指出东部地区政府治理水平的提升对科技创新的促进作用最大，西部地区最弱，要发挥地方政府治理现代化和科技创新的相互促进作用。潘思蔚等(2024)基于对浙江政务服务改革的探究，得出优化营商环境对地方政府治理现代化具有关键作用，要向市场回应导向转型发展的结论。吕同舟(2014)指出，在现代风险社会的场域中，风险规避成为地方政府治理的重要逻辑导向，不同环境地方政府的行为策略都会有区别。马学广等(2008)提出地方政府治理方式要从行政分权到跨域治理，引进并整合体制外的社会经济资源，以利益协调为基点，促使治理规则由支配性规则向共识性规则转变。王雪梅(2011)提出多中心治理作为一条政府改造的路径，可以深入推进改革、建设有效政府，培育公民社会、实现多元合作。参与式治理是地方政府治理体系创新的趋向(沈荣华，2014)，制度创新是促成地方政府社会治理转变的应然路径(钟哲，2015)。谭英俊(2014)指出要运用整体性治理思路，从价值碎片化、府际关系碎片化、部际关系碎片化、参与碎片化、监督碎片化等维度，从重塑公共价值、协调合作伙伴、加强部门协作、统筹利益诉求、强化中央权威等方面，为提升地方政府政策执行力提供新思路。

网络协同治理是地方政府治理现代化的重要方式之一，网络协同治理要求构建政府主导下的多元主体合作机制来共同管理社会事务。丁明春和任恒(2023)指出，民主行政和网络协同治理有利于增强政府行政的公共性与正当性，是当代中国地方政府治理现代化发展的必由之路。公平正义是网络协同治理持续稳定发展的必要原则，实现和增进公共利益是网络协同治理的目标(姚引良等，2009)。地方政府治理过程中，受行政和财权、监督与激励、横向府际关系的博弈与冲突等影响，由地方政府、民众、企业等行动主体组成的协作治理网络，是有效治理的途径(崔晶等，2015)。政府的合作态度、合作能力和资源的投入对网络协同治理效果有显著影响，参与网络合作的主体间信任和协同程度越好，效果也会越好(姚引良等，2010)；伙伴能力和公众要求是政府是否采取合作行为的主要外部考量，良好的信任关系和资源互补能客观促成网络主体之间协同，公共服务质量和政府回应性是政府主动采取合作行为的内部驱动力(王力立等，2015)。陈文权(2015)以政务微博为例，提出要强化政务微博与政府治理能力的内在联系与契合度，加强政府主导的多元合作共治，优化政务微博运营环境。任恒熠(2014)基于大数据的视角，分析了传统地方政府治理存在的问题，探讨了利用大数据提高地方政府治理能力的途径，利用大数据共享提高地方治理效率，利用大数据推动地方政府治理模式转型。

(3) 地方政府防范征地冲突群体性事件的困境

李棉管和覃志庆(2023)认为我国地方政府“新官不理旧事”现象常在征地安置问题中显现弊端，基层科层任务烂尾容易引发群体冲突。孙小雨(2024)指出，我国农地征收有强制征收与自愿协商征收两种模式，解决政府权力本位向被征收人权利本位让渡之限度问题是化解征地矛盾的核心。胡联等(2023)认为，地方征地补偿标准调整慢，造成征地价格扭曲，进而导致城镇收入分配结构恶化，引发冲突矛盾。张扬等(2023)指出，抽水蓄能电站征地移民后评价体系尚不健全，地方政府应进一步细化评价指标，保障征地工作规范化、科学化，规避群体性冲突风险。李戈和葛玮(2022)基于对黄河下游防洪工程的征地移民问题的探究，也指出地方征地拆迁机构多为临时组建，导致工作缺乏连续性和规范性，易引发矛盾。谭术魁(2008)发现中国频繁爆发征地冲突的原因较为复杂，主要包括征收土地不遵循法定程序，非法强行征收土地，土地征收补偿、安置问题突出，乡(镇)政府、村委会及少数干部行为失范，导致农民开始自发行动甚至联合行动，地方政府对征地纠纷与冲突的管理缺乏成效。祝天智(2013)从国家与社会关系视域下研究农村征地冲突问题，认为农村国家与社会关系的转型及其引发的张力，是征地冲突频发的宏观背景和深层根源。楚德江(2013)、孙召鹏等(2013)从社会管理角度分析农村征地冲突成因，包括"土地财政"下的政府责任缺位、征地信息不够公开透明、涉地利益分配不合理、违法违规征地问责力度不够。杨帆(2013)认为在当前经济发展阶段，正式制度的缺失和不合理、城市政府职能定位的失误、官员自身的违法和行为失范，是征地矛盾冲突的三个原因，且这种冲突主要有经济利益冲突、权力权利冲突和社会地位冲突三种类型(何楠，2010)。孙月蓉等(2012)从土地资源的天然局限性、农村土地制度的设计缺陷、农村土地的社会保障作用和村委会自治权异化的角度，探究了转型期农村土地冲突爆发的原因。方远(2012)、钟蔚(2013)认为博弈土地产权、补偿制度、社会保障和纠纷解决与救济等方面缺乏制度化规则，导致社会秩序紊乱和失衡。

对于征地冲突形成过程，黄先雄和龙峰(2023)认为，征地工作中土地征收审批程序、非强制性征地补偿安置协议以及土地督察机制不成熟等问题易引发征地冲突。王金环(2020)指出，高昂的退出成本易引发被征地冲突问题，应改革征地机制，优化基层治理。阎巍和唐旭丰(2023)通过对征地程序和补偿的分析，指出征地中存在预征收补偿安置协议在法律上未完整履行的问题，引发群体性冲突。谭术魁(2013)发现七成以上冲突是由政府强征引起的，而强征多半也是违法征地。黄长义等(2013)认为土地征收领域地方政府的腐败行为容易诱发冲突。柳建文、孙梦欣(2014)通过三组典型案例的比较分析发现，征地类群体性事件是一个从冲突积累到冲突激化再到冲突缓解的过程，其中利益损益是主要的诱发和累积因素，基层政府、企业与农民面对冲突时的应对策略和互动方式是决定冲突强度和走向的关键变量，制度压力则贯穿始终。李晗(2013)运用“模糊－冲突”模型分析中央政府征地政策的模糊性和冲突性，以及地方政府采取的执行策略，具体表现为：一方面通过各种途径规避中央政府的政策限制或法律限制，扩大土地租金空间；另一方面挤压农民利益，以压低或挪用或拖欠征地补偿的方式攫取租金。孟宏斌和郑风田(2010)认为，在动态变化的政治机遇和政治限制中，政府征地与农民维权的利益博弈过程必然会产生征地矛盾；借助利益认同与身份认同的双重叠加产生的心理推动力，失地农民通过资源动员和社会建构过程，使征地产生的权益损害不断被社会公众关注；在经济、社会及政治多方面诱因作用下，随着某种导火索事件的出现，又会促使征地矛盾升级演化为对抗性冲突。虞晓芬和金细簪(2013)对城市征地拆迁中谋利型抵制行为进行思考，解释了征地拆迁中谋利型“抵制”行为客观存在的原因，提示在征地拆迁中确实存在反征地困境及机会主义问题。刘祖云和陈明(2012)认为，当前中国农村土地冲突作为社会冲突的一种显性形式，将“土地风险”概念引入“土地冲突”，并提出将土地风险作为农村土地冲突思考的新视角，构建了土地风险的解释性框架。

（4）地方政府对征地冲突群体性事件的防范与治理

对于征地冲突的治理困境与思路，黄影颖和陈育林（2024）基于对被征地农民养老保障问题的研究，指出应严格落实该项征地补偿保障工作，确保被征地农民当前生活有改善、长远生计有保障。孙怡平等（2023）基于对武汉市农户的生计问题调研，指出应充分考虑城郊农户的征地期望，进一步加强对其非农就业的支持力度。汪奎和丁小珊（2023）从专业项目复建标准的确定、有关费用分摊、税费计征标准等方面，探究水电站建设征地移民安置补偿费用问题，认为不同水电站专业项目补偿费差别较大，应细致测算，合理补偿。柳建坤和张云亮（2023）构建实证分析框架检验被征地农户生活质量变化情况，认为应加强针对失地农民的职业技能培训，促进农民再就业，为失地农民增加物质福利提供制度保障。祝天智（2013）认为，当前征地冲突治理存在主体"碎片化"、法律政策"碎片化"和治理机制"碎片化"等困境，需要整体性治理。楚德江（2013）认为，征地冲突治理面临的困境包括区域经济竞争背景下政府、投资商与农民之间存在利益矛盾，征地制度本身缺乏对农民权益的关注；缺乏征地过程中的农民参与机制。张红霞等（2013）认为黑恶势力插手征地拆迁是引发征地冲突的重要原因。汪冬宁等（2011）、丁宁等（2013）发现，现行征地风险评估制度在实践中存在评价主体不明、功能定位不清、评价程序不科学等问题。钟蔚（2013）认为征地冲突治理思路，应当从完善征地相关配套制度的源头上消除征地矛盾隐患。虞晓芬等（2013）建议，应以公平、公正、严格执法来引导正常的征地拆迁秩序，维护规则的严肃性和权威性。祝天智（2013）认为，加快农村国家与社会关系由资源提取向公共服务的转变，解决农村政府的"财政饥渴"和对土地财政的依赖，是预防征地冲突的根本；加快建立适应市场契约型的农村国家与社会关系的土地产权和征地制度，理顺征地利益关系，是减少征地冲突的有效途径；加快农村国家与社会关系的民主化过程，提高对农民土地权益的保障水平，是提升征地冲突治理效果的必然要求。祝天智等(2013)从公正视域的角度来研究征地冲突治理，认为要通过社会公平来治理农村征地冲突，确保征地过程的公正性。方远(2012)提出要注重征地过程中的法治化。

对于征地冲突防范和治理的对策与措施，王斯亮(2023)指出，合理调节中央和地方政府在征地中的权责分配，并运用市场手段倒逼激励相关主体参与改革，有利于避免征地制度改革陷入僵局。王文斌和崔兆(2022)通过分析当前征地纠纷案件，认为地方政府完善征地纠调解平台、强化司法和诉讼力量，能有效化解征地冲突。连宏萍和陈晓兰(2021)基于对长沙市征地冲突的案例分析，指出化解征地冲突应完善地方政府公文以提升政府公信力、实现有效的基层治理，同时应重视情境性与动态性，及时调整征地策略。谭术魁(2010)、陈娥英(2014)认为，中国征地冲突管理的关键在于改革当前农村纠纷解决机制，具体包括建立农村纠纷监控和甄别机制、健全多元纠纷解决机制、改革信访制度。谭术魁(2013)提出控制冲突行为，降低冲突强度；改革征地制度，疏导征地矛盾；深化体制改革，促进社会公平地治理征地冲突的三步策略。谭术魁等(2009)、邹秀清等(2012)通过构建征地冲突博弈模型，发现降低中央稽查和农户维权成本以及地方政府的违规收益，加大对违法占地的惩罚力度，使利益主体博弈行为趋于合理，可以避免或减少征地冲突的发生。同时必须加强对政府官员自身的管理和监督，规范土地征收监管秩序和构建均衡的权力体系等有效预防和治理土地征收腐败(杨帆，2013)。汪冬宁等(2011)建议，从明确征地风险评估定位、完善征地风险评估体系和优化征地评估程序三方面规范征地风险评估制度。孙召鹏等(2013)认为，征地冲突治理对策包括创新政府角色转换，寻求政府、开发商和农民利益的共赢点，推动征地过程透明化规范化。

同时，王永香等(2023)通过分析我国农村征地制度变迁的内在逻辑，认为化解征地冲突应强化地方政府以人为本的思想，让征地制度改革进入良性循环，不断根据实践情况创新。郭圣莉等(2022)通过对21个土地征收案例进行分析，指出地方土地征收补偿存在内部和外部博弈，征地补偿应注意集体经济可持续发展和公平分配问题，以防范矛盾产生。柳建文等(2014)认为，要针对冲突的演化过程及不同阶段的主要激化因素，需要将短期性的策略组合和长期性的制度安排相结合；制度层面的措施着力于解决农民的权益保障问题，非制度(策略)层面的措施则侧重解决冲突过程特别是激化阶段的问题；在面对冲突扩大时，需要采取理性的退让策略和合作策略，避免激化策略和对抗策略。李柏霖(2013)、李红波等(2013)针对西部民族地区的征地冲突治理提出，需要因地制宜，充分考虑其独特的传统文化与现代文明和谐共处的问题，完善征地冲突预警及协调机制。

(5) 地方政府对群体性冲突事件的治理与防范路径

近年来，我国各地发生的群体性事件呈现一系列新的特点：胡锐军(2024)指出随着社会结构变化，县域群体性社会冲突呈现出人为性、发展性、制度性、非现实性、多样性、特殊性、不确定性、结构性、非对称性、协作性的新趋势。韩志明(2022)指出，不同的社会、不同的时代，群体性事件的发生领域、表现形式、演变过程以及激烈程度有较大差异，当今群体性冲突事件数量不断攀升，影响范围不断扩大。张继红和刘琼莲(2020)指出，新时代背景下，公众利益表达不畅、地方政府的日常管理和决策对公众利益诉求不能及时处理等问题，是群体性冲突事件的主要诱因。徐立娟(2022)认为，群体性冲突事件主要成因，在于利益冲突、权力博弈以及利益与权力背后的情感影响。王帆宇(2022)认为，环境群体性冲突事件数量逐年减少，但影响范围逐步扩大且往往呈现暴力对抗特征。社会的结构性张力与政府治理体系的内在缺陷相互强化，施压型抗争和柔性表达相互结合，利益诉求和非利益的诉求相互交织，熟人社会的组织与虚拟社会的动员相结合，同类型的事件向多个地方扩散蔓延，矛盾冲突指向对公权力的行使不满(蒋俊杰，2014；刘广东等，2015)。对群体性冲突事件的成因分析发现，社会转型是群体性冲突事件高发的时代根源，社会利益格局失衡是引发群体性冲突事件的现实根源，权力腐败是群体性冲突事件频发的重要根源，诚信缺失也是引发群体性冲突事件发生的重要原因，基层组织社会控制弱化是群体性冲突事件产生的体制性根源(赵波，2015；贺佃奎，2011)。海云志(2012)从根源上分析，群体性突发事件主要是由于社会分化、收入分配、心理不满、权益受损和官僚作风等各种因素、矛盾和问题累积叠加而形成的；从发生过程看，它是在双方或多方互动过程中构造出来的，具有大致可辨的周期和轨迹。胡穗等(2013)从利益调控的角度分析地方政府防范群体性冲突事件，发现尽管群体性冲突事件诱因很多，但都可以归结于各利益主体间的利益冲突。

群体性冲突事件作为一种非常规的政治参与和对抗性的权利表达方式，地方政府往往直接或间接地成为诉求对象，由此对地方政府的治理能力提出了挑战(肖文涛，2010)，从侧面反映了有些地方政府应对能力的薄弱与不足。陈建斌和侯丹丹(2022)指出，地方政府政治领导力、矛盾预测力、矛盾回应力、矛盾容纳力、矛盾化解力五个方面的问题是影响征地冲突化解的关键，应提升基层政府处理冲突事件的综合能力。原珂(2022)认为，地方征地制度安排不当是群体性冲突事件产生的根源，因地制宜的制度安排有利于保障社会稳定，应发挥制度功效应对群体性冲突事件。张南(2019)基于地方政府防范征地冲突群体性事件话语的研究，指出地方政府话语不当容易激化冲突矛盾，相关部门应重视文本的科学性、明晰防范内容和认真落实信息公开。戚建刚(2013)认为，相关部门仍然习惯运用“压制型”模式予以应付群体性事件，以追求社会的“刚性稳定”为目标，以行政单方“强制措施”为手段(杨丽芳，2014)，在实践操作中呈现合法性危机。吴碧英(2014)认为，政府公信力不足是许多群体性冲突事件的诱因。范铁中(2011)认为，地方政府在应对群体性冲突事件中有许多缺陷，信息不公开诱发极端行为，助长了反体制意识；预警和应急机制不健全，现场处置不力；缺乏有效的利益表达机制，不满情绪无法通过正常渠道宣泄。娄拥军(2010)认为政府在群体性冲突事件中能否进行很好的危机公关，决定着事件的发展方向和事件最终的妥善解决。

对于地方政府针对群体性冲突事件的防范，李元华(2023)认为，伴随着智能化社会的快速推进，新型社会冲突不断涌现，地方政府要发挥智慧治理优势，以新的理念对防范社会冲突进行谋划布局。陈建斌和侯丹丹(2022)基于30个群体冲突化解案例的比较分析，提出地方政府应构建预防—回应型矛盾化解路径，针对冲突的动态演变过程及时化解矛盾。蔡毅臣和周志忍(2023)认为，风险社会下，利益冲突和情感分歧易造成群体性冲突，地方政府应加强风险的源头管理和方向引导。张广利等(2022)指出，提高地方政府冲突处理能力，应处理好政府、市场、社会三者关系，特别是要强化基层治理能力，针对不同风险阶段合理制定政策。张乐和童星(2019)指出，优化地方政府现有的治理模式，推进治理结构转型，有利于提升基层治理能力和冲突防范能力。史云贵(2009)认为，“政府管理与群众自治有效衔接和良性互动”的合作型社会治理模式，能够引导各种社会主体制度化参与公共决策与社会治理。杨丽芳(2014)、刘广东等(2015)主张，必须从社会主义法治国家的高度寻求解决路径，即加强对地方政府官员和社会公众的宪法理念教育，加强和完善群体性应急事件的法治保障。海云志等(2010)提出，只有建立和完善一系列制度化的长效机制，如社会危机预警、群体利益表达、信息沟通与即时反馈、领导问责等才能从根本上化解。戚建刚(2013)主张建立一种“回应型”治理模式，以相对人有序参与为手段，以“平衡论”作为理论基础，将维护社会“韧性稳定”作为终极目标。对于具体防范过程，刘德海等(2014)通过模型仿真表明，当部署警力的防御成本较高时，地方政府部门在事态潜伏期或初期开展社会矛盾大调解并提供经济补偿，将显著地降低事件造成的总损害。刘德海等(2011)构建了固定信号成本和差额比例信号成本的信号博弈模型发现，社会群体是否在冲突的潜伏期通过社会关系网络等发送信号占据优先行动权，取决于发送可信信号的最低临界成本、优先行动获得的额外收益和不同社会群体对于信号成本的评价系数。

对于网络群体性事件，刘德海等(2022)认为，自媒体时代下，网络传播的特点加快了冲突的影响速度、扩大了冲突的影响范围，处理群体性突发事件面临严峻的挑战。陶国根等(2011)发现，网络谣言几乎与群体性突发事件如影随形，贯穿于群体性突发事件的全过程。但地方政府部门缺乏敏感度和预警性，缺乏舆论引导的积极性、主动性，缺乏总结反思和持续关注，使事态进一步扩大。梁俊山(2012)认为，网络群体性事件治理存在治理观念淡薄、网络舆情管理能力弱、信息资源共享水平不高、公众参与程度低、参与机制不健全以及缺乏网络群体性事件治理的长效机制等。刘人境等(2015)建立网络群体事件舆论的传播方程，模拟舆论的扩散和收敛过程，发现在网络群体事件初期，如果弱势群体通过抗争获得政府补偿的概率不断增大，将造成事态的扩大；地方政府应控制信息的交流程度与初始抗争人数，减缓舆论的扩散；在网络群体事件舆论大范围扩散阶段，上级政府介入并采取惩罚措施，及时披露信息，促使网络舆论的收敛平息。

三、研究评述

通过对国内外关于地方政府防范征地冲突路径的相关研究系统梳理发现，国外直接针对地方政府征地冲突的命题研究较少，但围绕政府防范土地冲突的研究成果十分丰富，相关研究主要围绕政府防范矿山管理过程中土地冲突的路径、政府防范土地利用过程中土地冲突的路径、政府防范农牧地间土地冲突的路径等相关主题展开，尽管这些成果与本研究并不直接相关，但其研究范式、研究方法及所得防范路径型式对于本研究具有重要的借鉴和指导意义。国内对于政府防范征地冲突事件路径的相关研究成果较为丰富，主要集中在地方政府治理现代化、地方政府防范征地冲突困境、地方政府对征地冲突的防范与治理、地方政府对群体性冲突事件的治理与防范路径等相关主题，取得丰硕的研究成果。

综合来看，已有研究存在一些空白：第一，国内外对于地方政府防范征地群体性冲突路径的相关研究较为零散，散见于论文中的一小部分，尚未形成系统性的研究成果，且尚未聚焦“防范路径”核心，主要体现在成果最后针对性地提出一些差异化的征地冲突预防措施和策略，征地冲突防范路径研究的重要性和系统性没有凸显。第二，国外学者主要专注于土地冲突防范路径的相关研究，由于行政体制和社会制度的差异，国外土地冲突的防范主体多样化较为明显，涉及联邦政府、地方政府、社会组织、公司、地方调解机构等多个主体，中国这一发展中大国以地方政府为防范主体开展的征地冲突群体性事件防范路径相关成果未发表或刊登在国际重要学术期刊。第三，国内围绕地方政府防范征地冲突群体性事件的研究总体围绕征地冲突概念、内涵及特征等基本理论，征地冲突的发生机理与发生过程，征地冲突的预防与治理等方面，当前主要从冲突治理的视角剖析征地冲突，鲜有从防范路径的视角总结征地冲突群体性事件防范的“中国道路”。

第三节　研究内容与方法

一、研究内容

本研究共分七章，主要内容安排如下。

第一章：绪论。提出研究背景、研究依据、研究目标，阐释本文的理论和现实意义，全面梳理地方政府防范征地冲突群体性事件路径研究的国内外研究进展并评述研究现状，提出全文的研究思路，介绍研究方法与研究技术路线。

第二章：地方政府防范征地冲突群体性事件路径研究的理论依据。界定并辨析地方政府、征地冲突群体性事件、防范路径等基本概念和内涵，阐释风险管理理论、地方政府行为理论、耗散结构理论等理论在本文的应用。

第三章：地方政府防范征地冲突群体性事件的路径属性。依据路面结构理论，从征地冲突防范的路径厚度、路径长度、路径宽度等维度刻画地方政府防范征地冲突群体性事件路径的基本属性。

第四章：地方政府防范征地冲突群体性事件的路径类型。该章节主要描述征地冲突防范路径形成过程，划分征地冲突防范路径类型，运用耗散结构理论、热力学理论、风险管理理论阐释征地冲突群体性事件防范路径主要类型及特征。

第五章：地方政府防范征地冲突群体性事件的路径结构。介绍系统动力学模型基本内容，刻画征地冲突群体性事件防范路径的因果关系图，解析防范路径的系统结构，构建防范路径的系统动力学模型，描述变量方程式。

第六章：地方政府防范征地冲突群体性事件的路径实证。选取武汉为典型地区，运用计算机进行防范路径案例仿真，设置不同场景进行防范路径情景仿真，最后提出防范路径优化方向和提升策略。

第七章：结论与展望。在全面梳理并总结全文的基础上，从各个层面凝练并提升本研究的主要研究结论，梳理本研究的理论和应用创新之处，提出本研究的不足之处，并对后续研究作出展望。

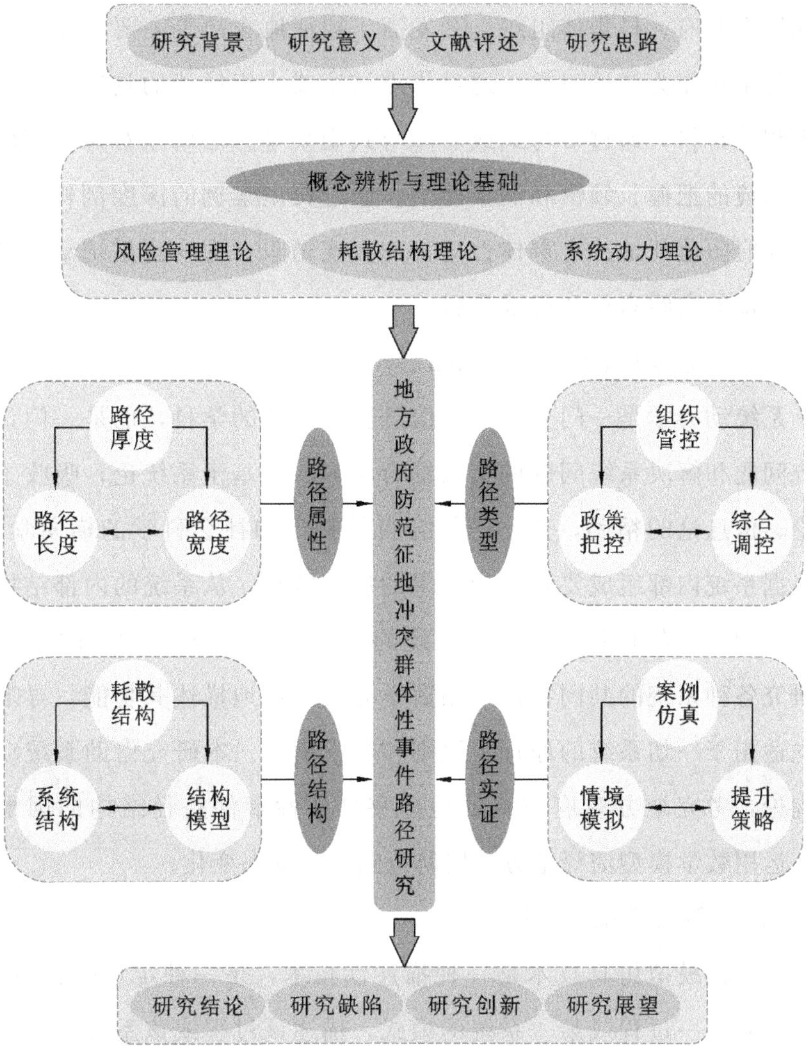

图 1-3 研究技术路线图

二、研究方法

(1) 深度访谈和案例研究法

选取武汉、广州等相关地方政府防范征地冲突群体性事件成功或失败的典型案例，缜密梳理地方政府整个防范链条，挑选防范过程中包括地方政府、村集体组织、开发商、被征地农户等主要利益相关者和参与主体作为访谈对象，通过焦点访谈或小组访谈的具体方式深入挖掘相关材料，通过参与式或非参与式观察等方法增强对研究问题及社会语境的把握、领悟和洞察能力。通过典型案例的深度剖析，重现地方政府防范征地冲突群体性事件的真实情景，为构建系统动力模型提供丰富的实践素材和客观数据。

(2) 系统动力学模型(System Dynamics，简称 SD)

系统动力学是一门分析研究信息反馈系统的学科，也是一门认识系统问题和解决系统问题的交叉综合学科。它基于系统论，吸收了控制论、信息论的精髓，是一门综合自然科学和社会科学的横向学科。它根据系统内部组成要素互为因果的反馈特点，从系统的内部结构来寻找问题发生的根源，是研究系统的一般模式、结构和规律的学问。它研究各种系统的共同特征，用数学方法定量地描述其功能，寻求并确立适用于一切系统的原理、原则和数学模型。本研究借助系统动力学理论，考究地方政府防范征地冲突群体性事件路径结构的因果关系，运用数学模型演绎地方政府防范路径的动态变化。

(3) 计算机模拟仿真技术

计算机模拟仿真技术是一种描述性技术，是一种定量分析方法。通过建立某一过程或某一系统的模式，描述该过程或该系统，然后用一系列有目的、有条件的计算机仿真实验来刻画系统的特征，从而得出数量指标，为决策者提供关于这一过程或系统的定量分析结果，作为决策的理论依据。本研究借助计算机模拟仿真技术刻画地方政府防范征地冲突群体性事件的路径类型，展示不同参数状态下地方政府防范征地冲突群体性事件路径的演变趋势，并探究不同条件下地方政府防范征地冲突群体性事件最优路径选择。

第二章 研究基础

第一节 相关概念界定

一、征地冲突群体性事件

征地冲突是指征地过程中相关利益主体在获取土地或者由土地带来相关利益时，各利益主体彼此间矛盾激化所表现出的一种行为对抗过程[①②]。群体性事件是指由社会群体性矛盾引发，不受既定社会规范约束，具有一定规模，造成一定社会影响，干扰社会正常秩序的事件，在新的社会环境下呈现新的特点[③④]。由此来看，征地冲突群体性事件是指，征地过程中相关利益主体在获取土地或者由土地带来相关利益时，各利益主体彼此之间矛盾激化所表现出的一种不受既定社会规范约束，具有一定规模，造成一定社会影响，干扰社会正常秩序的事件。本书将征地冲突群体性事件英译为 Mass Incidents Triggered by Land Expropriation，缩写为 MITLE。

---

① 谭术魁. 国外有关土地冲突及其管理的研究概要[J]. 中国土地科学，2007，21(4)：74-80.

② 李红波. 征地冲突研究[D]. 武汉：华中科技大学，2007.

③ 向德平，陈琦. 社会转型时期群体性事件研究[J]. 社会科学研究，2003(4)：99-103.

④ 强宇豪，燕继荣. 从“治安”到“治理”：协同治理理论在群体性事件治理中的应用[J]. 陕西师范大学学报(哲学社会科学版)，2024，53(2)：135-144.

二、地方政府防范路径

路径(Path)在不同的领域(物理学、力学、地理学、电子学等)有不同含义。从基本定义来看,《辞海》中有两种解释,①道路;②犹门路(指活路)。科技名词给予的定义是,个体在空间活动的连续轨迹。百度百科给出五种定义,①道路;②指到达目的地的路线;③比喻办事的门路、办法;④指人的行径,亦指世道;⑤在电脑中,指指向文件或某些内容的文本标识。本研究对路径的取义是实现某种目标的道路、方法、途径。

地方政府(Local Government)是管理一个国家行政区事务的政府组织的总称,全称"地方人民政府",在中国指相对于中央人民政府(The Central People's Government)(国务院)而言的各级人民政府。一般而言,地方政府存在四级形式:①省级政府,分别为省、直辖市、自治区政府;②地区级政府,分别为地级市、自治州政府;③县级政府,分别为县、自治县政府,县级市以及市辖区政府,旗政府;④乡级政府,分别为乡(民族乡)、镇政府。本研究所指的地方政府特指地区级政府、县级政府、乡级政府三级,不包括省级政府。

由此得出,地方政府防范路径是指地方政府为实现某种防范目标所选择的道路、方法及途径。

三、地方政府防范征地冲突群体性事件路径

综合征地冲突群体性事件、路径、地方政府防范路径等基本概念,结合本研究的主题和目标,给出地方政府防范征地冲突群体性事件路径的定义是,地方政府为了防范征地过程中相关利益主体在获取土地或由土地带来相关利益时,各利益主体之间矛盾激发发生具有一定规模、造成一定社会影响,干扰社会正常秩序事件的道路、方法及途径。

由于外部和内部环境的复杂及变化的影响，地方政府防范征地冲突群体性事件路径，也随着内外部环境的变化而不断进行改进并作出相应的路径调整，即地方政府防范征地冲突群体性事件路径不是单一的，一成不变的途径、方式，而是不断优化、更新、淘汰的动态过程，即存在路径创造(path creation)、路径突破(path breakthrough)。同时，为了最大程度实现防范征地冲突群体性事件发生的目标，地方政府必然要采取多种途径和方式，且各种路径可同时、交替或者反复采用。

第二节　相关理论基础

一、风险管理理论

(一) 风险及其分类

风险与人类生产生活相伴而生，是人类历史上长期存在的客观现象，与政府行为也紧密联系。美国学者 Haynes 在 1895 年最早提出风险概念①，风险特征主要包括客观性、普遍性、不确定性、可测性、潜在性、多样性等。对于风险类型的划分，由于分类标准不同，存在风险性质、风险发生原因、风险影响范围、风险事件性质等多种不同的风险分类方式②③④。借鉴韩英豪(2013)对风险的分类方式⑤，结合

---

① “风险”一词在经济学和其他学术领域中并无任何技术上的内容，它意味着损害或损失的可能性。偶然性的因素是划分风险的本质特征，某种行为能否产生有害的后果应以其不确定性而定。如果某种行为具有不确定性，则该行为就承担了风险。

② 李丽. 工程项目全面风险管理的理论与方法研究[D]. 北京：北京工业大学，2002.

③ 麦强盛. 项目风险管理若干问题的探讨[D]. 广州：暨南大学，2004.

④ 惠志斌. 人工智能时代公共安全风险治理[M]. 上海：上海社会科学院出版社，2021：226.

⑤ 韩英豪. 企业全面风险管控体系研究[J]. 中外企业家，2013(33)：62.

研究主题和目标，将风险分为三类：环境风险（Environment Risk）、流程实施风险（Process Risk）和决策所使用信息风险（Information For Decision-Making Risk）。

表 2-1　风险的三类分法及研究启示

环境风险	由外部因素引起的可能导致征地冲突群体性事件发生或使地方政府防范目标难以实现的风险	
流程实施风险	指因地方政府所设计的工作流程/业务活动无法实现其所设定的防范目标而产生的风险	①流程并没有同地方政府防范目标有效结合起来； ②流程在向被征地农民提供服务方面失败； ③流程并未有效运作从而无法完成冲突防范目标； ④流程设计不健康； ⑤信息技术风险导致流程动作失败
决策信息风险	由于地方政府决策所依据的信息不完整、过时、不精确或缺乏相关性，从而导致防范群体性冲突决策失误的风险	

（二）风险管理框架

风险管理的程序（流程）是风险管理理论的核心部分，其内涵是制定风险管理目标政策，并有效进行风险识别、度量、规避及控制的统一过程体系[①][②]。一般而言，风险管理过程包括几个关键步骤：识别各种可能造成损失的重大风险；评估潜在的损失效率和损失程度；制定、选择或实施合适的管理方法；监督风险管理战略的实施情况。同时，风险管理过程的分析模式也呈现多样化，其中比较常规的风险管理过

① 王农跃. 企业全面风险管理体系构建研究[D]. 天津：河北工业大学，2008.

② 金健. 实体企业金融化、风险承担能力与企业价值[J]. 经济经纬，2023，40(3)：128-138.

程框架是，目标设定→风险识别→风险度量→风险规避→风险控制。

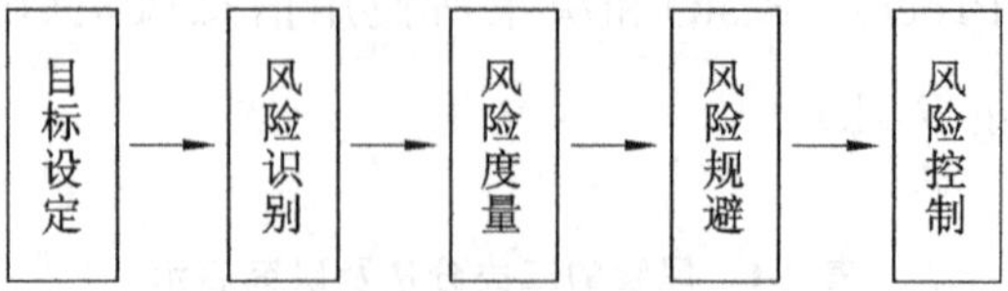

图 2-1　风险管理过程一般分析框架

结合本项研究内容，建立地方政府防范 MITLE 风险管理三维分析框架(如图 2-2 所示)，第一维是目标设定和工作程序。目标设定是地方政府防范 MITLE 设定的具体目标，防范目标具有多维性、层次性；工作程序是地方政府防范 MITLE 设定的防范工作流程。不同目标设定和工作流程产生不同的防范路径。第二维是风险管理要素维度，包括风险识别、风险评估、风险应对、风险控制、风险监督。这几个要素紧密围绕第一维度中的目标设定和工作程序，既相互独立、相互联系、相互制约，又共同服务于地方政府防范 MITLE 路径。第三维是地方政府层级及相关职能部门。地方政府及相关职能部门是风险管理的实施主体，通过设定防范目标和防范流程，构建科学的 MITLE 防范路径，达到风险管理的目的。

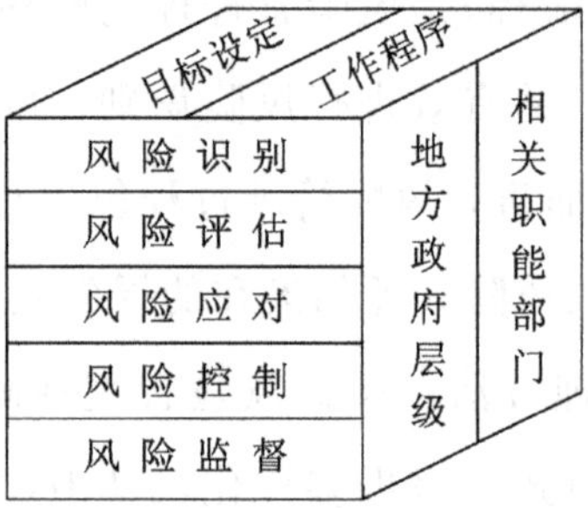

图 2-2　地方政府防范 MITLE 风险管理三维框架

（三）内部控制理论

内部控制是一个包括设计、执行、评价、改进等环节的动态循环的系统过程，该系统以不断往复的信息反馈为运行特征①②，本质是风险控制活动，是风险管理理论的重要组成部分，主要包括控制目标、控制手段、控制环境、控制程序等。控制目标是单位或者个体通过内部控制所要达到的目标，这个目标并不是单一目标，而是由一个总目标和不同层次具体目标构成的一个完整目标体系，其中总目标是内控的根本目的，具体目标是各个具体控制对象、受控变量在实际中应该达到的标准。控制手段是为达到控制目标所采取的措施和手段；控制环境是指对建立、加强或削弱特定政策和程序效率发生影响的各种因素；控制程序指管理当局制订以保证达到一定目的的方针和程序。

内部控制是地方政府防范 MITLE 路径的重要理论基础。地方政府内部控制是地方政府的内部防范路径，其控制总目标是防范征地冲突群体性事件发生，控制手段包括组织结构控制、组织责任控制、组织协同控制等，主要控制的风险是地方政府在防范 MITLE 业务流程设计及执行过程中出现的漏洞或违规情况，是控制因地方政府内部风险引发 MITLE 的有效手段。良好的地方政府防范 MITLE 内部控制标准体系能够有效监督防范具体过程，是防范 MITLE 的重要路径。

二、自组织理论

自组织理论（Self-organizing Theory）是 20 世纪 60 年代末期开始建立并发展起来的一种系统理论，它的研究对象主要针对复杂自组织

① 安瑛晖，汪佳．企业内部控制评价体系研究[J]．科技创新与应用，2012(12)：295-296.

② 贾宁．内部控制对流通企业经营绩效的影响：理论机制与实证检验[J]．商业经济研究，2024(10)：164-168.

系统的形成和发展机制问题，即在一定条件下，系统是如何自动地由无序走向有序，由低级有序走向高级有序，主要是由耗散结构论、突变论、混沌论等组成。

（一）耗散结构论

耗散结构理论(Dissipative Structure Theory)总体概括为一个远离平衡态的非线性开放系统通过不断与外界交换物质和能量，当系统内部某个参量的变化达到一定阈值时，通过涨落促使系统可能发生突变，由原来的混沌无序状态转变为一种在时间、空间或功能上的有序状态。这种在远离平衡的非线性区间形成的新的稳定宏观有序结构，由于需要不断与外界交换物质或能量才能维持，因此称之为耗散结构[①②]。耗散结构的形成需要具备四个基本条件：

① 系统是一个开放系统，这是耗散结构形成的必要条件。所谓开放系统是指能够不断与外界进行能量、信息和物质交换的系统。只有在开放系统之中，才能不断产生负熵流，实现与正熵流的冲抵，从而实现系统的逐渐有序。

② 系统是一个远离平衡态的系统。平衡态组织结构是一种静止状态的稳定结构，不与外界进行物质、能量等交换。系统处于非平衡态才能够与外界不断进行能量、物质和信息交换，从而形成梯度和势能差，耗散结构才可能会出现。

③ 系统中变量通过涨落的有序。当系统处于远离平衡态时，涨落可能引起系统从不稳定无序状态向新的稳定而有序的状态转化，非线性相互作用和连锁放大效应使得系统出现整体上的“巨涨落”，促使该系统达到新的稳定而有序状态。

---

① 郗炳峰. 基于熵及耗散结构理论的生产系统分析研究[D]. 天津：天津大学，2009.

② 王安琪，唐昌海，顾一纯，等. 基于耗散结构理论的公立医院组织韧性形成机制研究[J]. 中国卫生资源，2023，26(6)：704-710.

④ 系统内部存在非线性相互作用。在远离平衡态条件下，非线性作用使涨落放大，一个非平衡约束就对应了多个定态解，在不稳定热力学分支周围的扰动下不断随时间增长，最终系统演变在某一个稳定热力学分支上，达到系统有序。

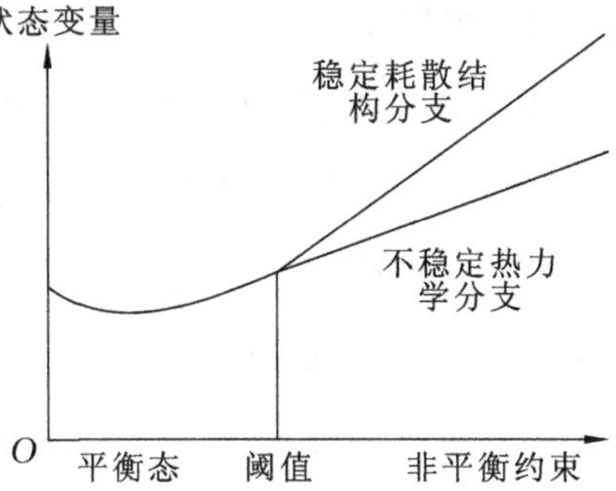

图 2-3　系统分支

对照耗散结构形成的四个条件，地方政府防范 MITLE 本身就属于一个开放的防范系统，整个防范过程就是远离平衡态的过程，地方政府通过采取各种防范措施和手段促使防范系统内部达到非线性的相互作用，从而形成有序的防范路径，通过连锁放大促使系统涨落有序，以此达到防范 MITLE 的目的。

（二）突变论

自然界或人类社会中任何一种运动状态，都有稳定态和非稳定态之分。突变论是研究动态系统在连续发展过程中突然变化的现象，解释突然变化与连续变化因素间的关系①。它以拓扑学、奇点理论和结构稳定性理论为主要工具，描述现实世界某些事物形态、结构突然变化的规律。突变论认为，突变、渐变的本质区别是系统势函数在临界

① 如水的沸腾、桥梁的崩塌、人的休克、情绪的波动、战争、市场变化、经济危机等。

点的附近有无“不连续”，通过分析分叉集的性质来实现对突变现象的界定与控制①。突变具有突发性、不可逆性、周期性、随机性四个基本特征。作为一种现代科学研究方法，突变论在各个领域被广泛应用，在管理控制方面的应用主要体现在有助于人们视不同情况，采取不同控制措施，多途径实现控制目标。

依据突变理论，MITLE 突变是从一种稳定组态跃迁到另一种稳定组态的连续过程，大致经历由征地过程中存在的问题，到产生一定征地纠纷，再到引发征地一般冲突。在这一阶段，尽管征地过程中受各种风险因素的微小扰动，但征地系统仍然能够保持一定的稳定结构，仍然能够通过自我修复保持平衡态势，总体维持征地过程安全。当征地一般冲突的能量集聚到一定程度，达到或突破一般冲突到群体冲突的临界值，征地系统的平衡状态势函数就会发生突变，征地冲突系统就会离开原来的稳定态，以突变的形式从一般冲突的稳定态转化为群体冲突的稳定态(见图 2-4)。

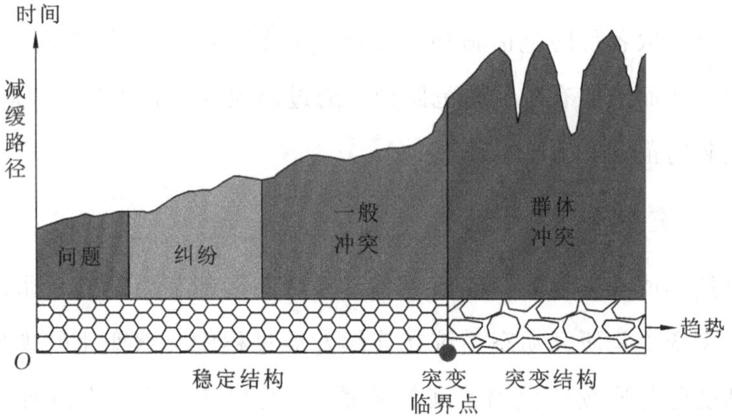

图 2-4 MITLE 突变过程

① 科学网. 我们为什么使用突变论来描述突发事件的突发现象[EB/OL].[2012-08-21].http://blog.sciencenet.cn/blog-53483- 354881.html.

MITLE 发生是征地过程中冲突能量积聚到一定程度而发生的结构突变，因此，MITLE 防范就是在冲突能量集聚过程中且尚未达到突变临界值之前，地方政府运用行政、经济、制度等手段引导能量集聚方向、减缓突变时间、释放突变能量、阻断突变进程，从而达到控制或部分控制能量集聚过程的目的，以保持征地过程安全的稳定结构，保证征地冲突不发生根本性的群体突变。综合而言，征地冲突群体性事件的发生主要是冲突能量聚积造成平衡状态势函数发生突变，地方政府防范 MITLE 的应对工作主要是减缓 MITLE 发生的时间、减轻 MITLE 发生的烈度，或者选择相对有利的方向发生，主要包括引导、减缓、释放、阻断等路径(图 2-5)。

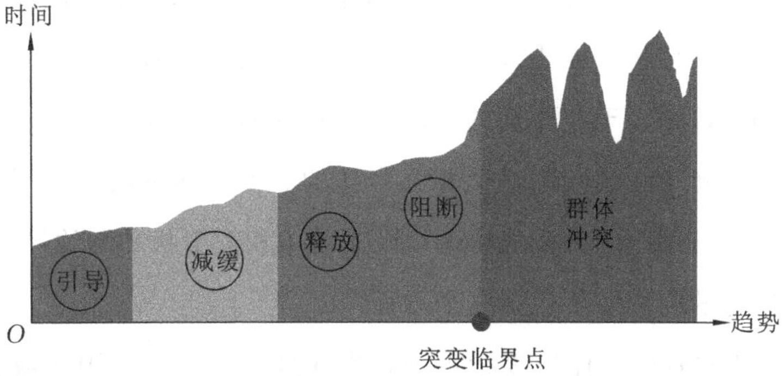

图 2-5　MITLE 突变调控原理

表 2-2　突变论对地方政府防范 MITLE 路径启示

路径类型	启示原理
引导路径	当冲突能量积聚到一定程度，且演化为群体性冲突的概率不断增加，处于高危险期时，为了避免突变发生，人为主动引导系统发生突变，使突变在相对有利的方向发生
减缓路径	在冲突能量开始集聚时，地方政府通过外界力量强制干预减缓冲突能量聚集的速度，延迟冲突能量的聚集过程，从而推迟发生冲突突变的时间

续表

路径类型	启示原理
释放路径	在冲突能量集聚过程中通过采取各种策略给能量寻找出口，合理释放冲突能量，让冲突能量聚集的速度减缓
阻断路径	造成冲突突变的原因是内外部因素二者合力共同作用的结果。避免突发事件发生的一种有效方法是让内因和外因不要同时发生作用，也就是把内因和外因有效隔断

（三）协同论

协同论主要研究远离平衡态的开放系统在与外界有物质或能量交换的情况下，如何通过自己内部协同作用，自发地出现时间、空间和功能上的有序结构，描述各种系统和现象从无序向有序转变的共同规律。协同论认为，千差万别的系统，尽管其属性不同，但在整个环境中，各系统间存在相互影响又相互合作的关系。如不同单位间的相互配合与协作，部门间关系的协调以及系统中相互干扰和制约等。

协同论的内容主要包括三个方面①：

（1）协同效应。任何复杂系统，当在外来能量的作用下或物质的聚集态达到某种临界值时，子系统之间就会产生协同作用，使系统在临界点发生质变产生协同效应，使系统从无序变为有序。即复杂开放系统中大量子系统相互作用而产生的整体或集体效应。

（2）伺服原理。系统在接近不稳定点或临界点时，系统的动力和突现结构通常由少数几个集体变量即序参量决定，而系统其他变量的行为也由这些序参量支配或规定。序参量解释了系统如何在临界点上发生相变以及序参量如何主导系统产生新的时间、空间或功能结构。

① 百度百科. 协同理论[EB/OL].[2024-07-10]. http://baike.baidu.com/view/1455975.htm.

(3) 自组织原理。自组织原理解释了在一定的外部能量流、信息流和物质流输入的条件下，系统通过大量子系统之间的协同作用而形成新的时间、空间或功能有序结构。旨在解释系统从无序向有序演化的过程，实质上就是系统内部进行自组织的过程，协同是自组织的形式和手段。

地方政府防范 MITLE 本身是一个协同防范的过程。在地方政府的主导下，涉及国土、公安、信访、宣传、司法等诸多职能部门协同，涉及法律、暴力、利益、行政、情理等诸多策略协同，由此产生不同的防范路径，从而构成地方政府防范 MITLE 的路径大协同。具体来看，MITLE 防范系统能否发挥协同效应是由防范系统内部各子系统或组分的协同作用所决定的，协同得好，防范系统的整体性功能就好；如果各防范部门或者防范策略系统内部相互掣肘、离散、冲突或摩擦，就会造成整个防范系统内耗增加，致使整个防范系统陷于一种混乱无序的状态。

三、系统动力理论

（一）系统动力学原理

系统动力学吸收了控制论、信息论的精髓，是一门分析研究信息反馈系统及认识和解决系统问题的交叉综合学科。系统动力学对问题的理解，是基于系统行为与内在机制相互依赖的紧密关系，通过数学模型发掘出产生变化形态的因果关系，系统动力学称为结构，是指一组环环相扣的行动或决策规则所构成的网络。

（二）系统动力学建模

(1) 模型特征

系统动力学对问题的理解，是基于系统行为与内在机制间相互紧密的依赖关系，并且透过数学模型的建立与操控而获得，逐步发掘出产生变化形态的因果关系，系统动力学称之为结构，例如指导组织成员每日行动与决策的一组相互关联的准则、惯例或政策，这一组结构决定了组织行为的特性[①]。

（2）模型要素

系统动力学模型主要包括两个部分：定性模型——反映系统各组成部分关系的流图；定量模型——由流图抽象出反映系统动态过程的方程式。系统流图在系统因果关系图基础上绘制而成，一般设计过程包括：①确定系统边界；②确定系统构成要素及因果反馈环分析；③确定积累变量和流速变量；④确定积累变量与流速的关系。模型方程式是依据系统流图建立的一连串方程式，实质是将反映系统动态的连续模型用一系列离散模型来代替，从而模拟连续系统的模型。

（3）建模步骤

系统动力学模型是运用数学和图表的方式对客观真实世界的情景再现，尽管不能绝对还原真实情况，但在一定外在约束条件下，基于一定的建模目标，系统动力学所构建的模型是较为有效的。建模过程主要包括以下几个步骤：

第一，明确研究目标。研究目标是模型构建的核心，模型系统构建是围绕研究目标有所偏重地展开，所有变量选择、方程构建、关系调试、结构设置都要围绕目标展开。本研究的目标是地方政府防范征地群体性冲突事件的路径。

第二，确定系统边界。系统边界是指所构建模型涉及的对象和范围，即研究的约束条件。边界的确定以研究目标为基础，确定并限定了研究的主体内容。只有确定了系统的研究边界，才能够寻找并选择

① 百度百科．系统动力学[EB/OL].[2024-07-10].http://baike.baidu.com/view/113906.htm.

内生和外生变量。

第三，选择相关变量并构建因果关系图。依据具体研究内容，通过调研访谈等选取因素，并理论阐释各因素间的因果关系，根据建模目的，确定出重要的状态变量、速率变量，并绘出重要变量参考模式。

第四，构建模型方程。在系统流图和框图的基础上，运用专用符号表达各因素之间的关系，通过运用状态方程、速率方程、辅助方程、常数方程等相互组合，进一步量化各因素间的关系，从而刻画整个模型的作用机制。

第五，模型运行与评估。将各种参数值带入模型，通过模型运行得出结果。一方面要模型检验，检查运行是否正常；另一方面要依据实际情况与模型结果进行对照检查，考究结果与现实是否有重大偏差，并予以修正。

第六，计算机模拟仿真与情景结构优化。依据不同场景，修改参数，调试结构，借助计算机仿真技术，模拟不同情景下模型的运行情况，从而为优化现实结构、提出政策建议、指导实际工作提供具体帮助。

（三）系统动力学仿真

系统动力学被誉为“社会的实验室”，其技术仿真主要采用自带的专业语言模型，借助计算机工具对实际系统进行仿真模拟，对于处理多环、非线性的复杂动态问题更为便捷①②。系统动力学仿真技术是将真实世界系统的结构与决策用动态模型表示出来，运算所得结果作为反馈信息进一步修正或改进模型（见图 2-6），以此为基准来修订模型

---

① 王琪. 基于系统动力学的地震应急资源配置模型研究[D]. 大连：大连理工大学，2013.

② 游铭豪，顾洁，储琳琳，等. “双碳”背景下结合系统动力学和弹性网络回归的区域电力需求中长期预测方法[J]. 供用电，2024，41(7)：72-83.

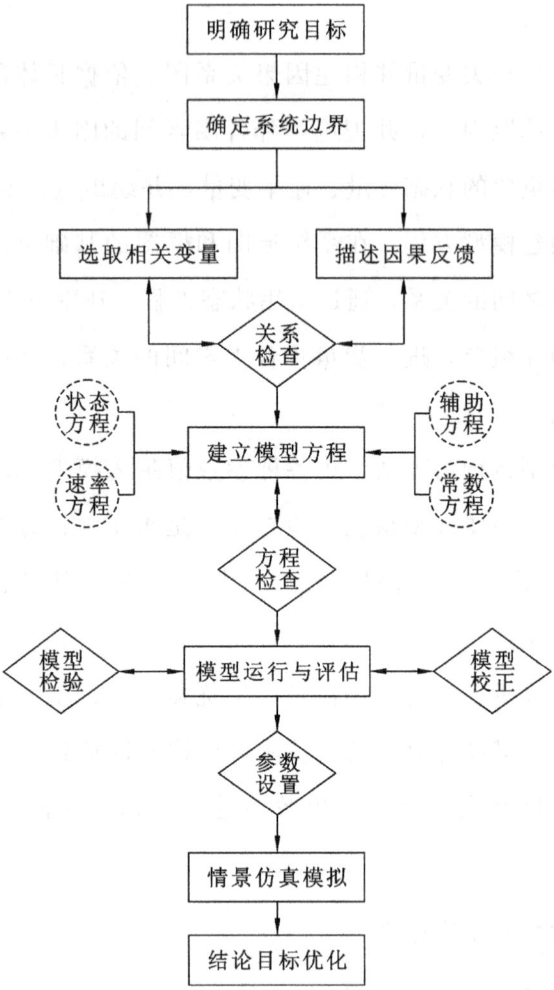

图 2-6　系统动力学建模步骤

情景，从而使所构建模型能够接近实际情况，用来具体指导实际工作。本研究借助 Vensim 软件进行模拟仿真(见图 2-7)。

在 Vensim 中，系统变量之间通过用箭头连接而建立关系，而且是一种因果关系。变量之间的因果关系由方程编辑器进一步精确描述，从而形成一个完整的仿真模型。用户可以在创建模型的整个过程中，分析或考察引起某个变量变化的原因以及该变量本身如何影响模型，还可以研究包含此变量的回路行为特征。

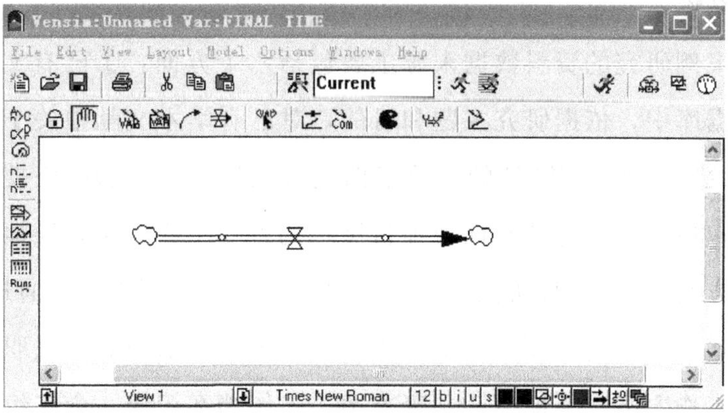

图 2-7　Vensim 计算机仿真界面

第三节　资料收集分析

一、资料收集

资料选择的标准与研究对象及研究要回答的问题有关，它确定了什么样的资料能为研究带来有价值的数据。本项研究的研究主体是地方政府，研究对象是地方政府的 MITLE 防范行为，所要回答的具体问题是地方政府防范征地冲突群体性事件的路径。依据研究目的，所要收集的具体资料主要包括，地方政府在 MITLE 防范过程中所依托的政策法规、工作流程、制度建设，即地方政府在预防 MITLE 所采取的各种手段措施的集合。同时，也收集部分发生的征地纠纷或者冲突案例作为反推或验证地方政府防范的路径。在案例选择数量上，为了使案例研究更全面、更有说服力，提高案例研究的有效性和增加结论的普适性，本研究采用多案例研究，以交叉案例分析为主进行统一抽象和归纳，也辅以个别案例分析，通过案例的反复验证归类分析得出研究结论。

本案例研究的资料数据来源主要包括六个方面：①已有文献。在文献数据库中，依据研究主题和目的，对已有学术文献中关于近几年来地方政府防范 MITLE 的二手案例进行挖掘整理；②网络搜索。主要内容包括地方政府针对征地项目制定的维稳工作方案，征地拆迁工作应急方案，MITLE 防范机构的组织架构和工作职责；③通过电话、邮件等通信方式向相关职能部门索取。如国土、信访等相关职能部门制订的工作方案，征地拆迁预警方案，工作档案记录、会议纪要等文件；④开放式访谈。通过拟定访谈提纲，访谈武汉、咸宁、广州、杭州等实际参加 MITLE 防范工作的市、县、镇政府相关负责人，以及综治办、国土局等相关职能部门工作人员。⑤调查问卷。依据系统动力学建模需要，选取特定区域展开问卷调查，收集模型所需的相关基础数据。⑥统计年鉴(公报)。通过查询官方公布的年鉴、公报、报告等，采集关于地方区域社会发展和社会治理、征地工作等相关的数据，如《武汉市统计年鉴》。

二、资料分析

对于所收集资料的具体情况，主要对 MITLE 防范工作方案、MITLE 防范政策法规、访谈及问卷调查三个方面进行概述和分析。

(1) MITLE 防范工作方案

征地群体冲突防范工作方案(实施方案、预警方案)是地方政府防范 MITLE 工作顺利开展的行动议程和执行蓝本，内含指导思想、工作原则、工作目标、工作内容、组织领导、分工安排、工作措施、工作步骤、时间安排等丰富信息，这些信息能够充分体现地方政府在 MITLE 防范过程中的组织管理理念和行动方向，是地方政府防范

MITLE 路径的重要组成内容。

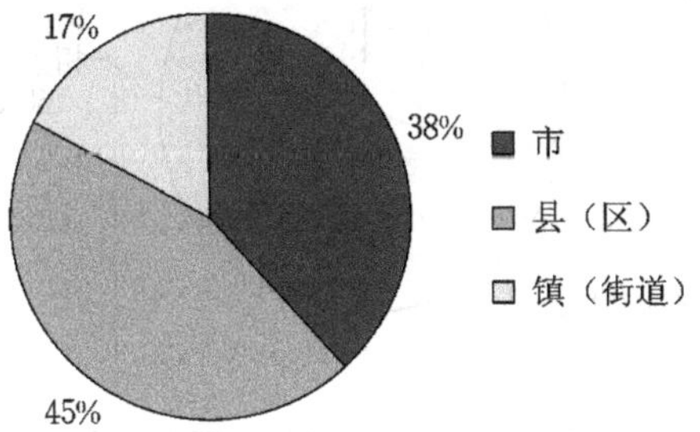

图 2-8　地方政府相关案例的层级比例

通过网络搜索、邮件问询等方式收集 200 余份各级地方政府防范 MITLE 相关工作方案，考虑到地方政府的层级比例、区域分布，并对相似方案剔除，最终从 20 个省(直辖市)中选出 20 个市政府、23 个县(区)政府、9 个镇(街道)政府的 51 份相关工作方案。从区域分布来看，除新疆、西藏、内蒙古、四川外，涵盖了中东部大部分区域，案例的多样性和大范围特征促使更好地从整体进行归纳和总结；市政府、县(区)政府、镇(街道)政府的案例所占比例分别为 38%、45%、17%，总体能够从不同层级代表各级地方政府的 MITLE 防范情况。

(2) MITLE 防范政策法规

政策法规是政府或社会公共权威在一定的历史时期为达到一定的目标而制定的行动方案和行为依据。征地冲突群体性事件防范工作的开展必须依赖于相关的政策法规。同时，政策法规并不是由某个单一的政策构成，而是由不同层次、不同类型、不同内容的法律法规等组成的政策体系。

通过对有关地方政府防范 MITLE 相关政策法规的查阅、搜索、整理，筛选出相关政策规定 80 余项①。整理发现，从各层级政策法规

① 地方省市的政策法规以湖北省和武汉市为具体案例。

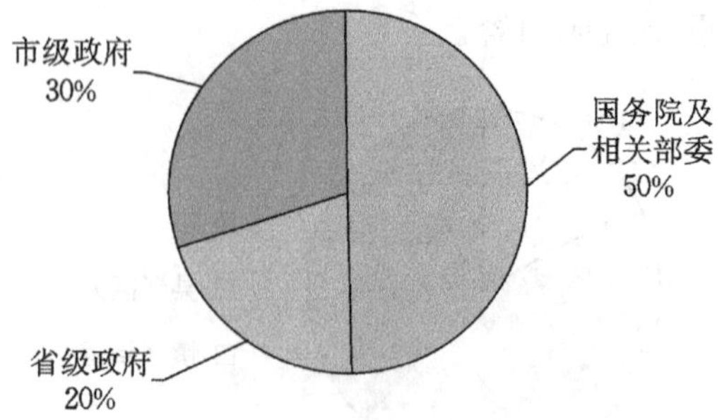

图 2-9　相关政策法规的层级分布

比例来看，国务院及相关部委法规约 50%，省级政府约 20%，市级政府约 30%；其中国务院及相关部委发文量最多的单位是国务院司法部和自然资源部，省级层面发文最多的单位是省级人民政府和国土资源厅，市级层面发文量最多的是市级人民政府。从演变趋势来看，每年均有相关的政策法规出台规范，表明 MITLE 防范路径的形成是一个长期的过程，需要对已有路径的不断修缮和补充才能够降低并应对日益变化的 MITLE 发生风险。

（3）访谈及问卷调查

本研究主要采用个别访谈法①和电话调查法。访谈目的主要包括：第一，对所搜集的防范 MITLE 工作方案、政策法规等文字材料进行验证和补充；第二，对地方政府防范 MITLE 过程中的具体情况深入挖掘，减少个人偏见和主观性，修正已有的文字材料，对不同部门、不同岗位进行访谈以更加全面掌握实际情况。对于问卷调查，主要用于系统动力学的模型中基础数据与函数的设定，面对建模中常常遇到数据不足或某些数据难以量化的问题，系统动力学对各要素间的因果关系、有限的数据、一定的结构仍可进行推算分析。依据模型需求的实际情况，选取武汉市为具体研究案例，编制调查问卷并调查分析。

① 标准化访问和非标准化访问相结合。

笔者通过开展访谈和问卷调查方式，主要对象包括自然资源部、武汉市国土局、武汉市国土局汉阳分局、武汉市东西湖区国土局、武汉市青山区政府、武汉市武昌区政府、武汉东湖高新区管委会、襄阳市国土局、咸宁市高桥镇、咸宁市马桥镇、杭州市国土局萧山分局、广州市城市更新局、深圳市规土委等政府及职能部门的公职人员；包括华中科技大学、中国地质大学(武汉)、华中师范大学、中南财经政法大学、中南民族大学、上海交通大学、成都理工大学等高校的专家和学者；还包括部分被征地农户。累计访谈 70 余人，300 余次；累计发放问卷 200 份，收回有效问卷 176 份。

第四节　本章小结

本章主要探讨了地方政府防范 MITLE 路径研究的理论基础，首先对征地冲突群体性事件、地方政府防范路径、地方政府防范征地冲突群体性事件路径等基本概念进行界定；其次，从风险及风险分类、风险管理的分析框架、风险管理的内部控制三个方面阐释了风险管理理论以及该理论在本研究中的应用；再次，介绍了自组织理论中的耗散结构论、突变论、协同论三个主要理论的基本内容，分别阐释了各理论的基本内涵以及对本研究的理论运用；最后，介绍了系统动力学的基本原理、系统动力学的模型构建以及仿真。

风险管理理论、自组织理论和系统动力学理论是本研究主要借鉴及运用的相关理论，三大理论构成本研究的主要理论基础。除此之外，本研究还将运用到路面结构理论、地方行为理论、热力学理论等相关理论。此外，本章节还对研究资料的收集方式，以及从征地冲突群体性事件防范工作方案、征地冲突群体性事件防范政策法规、实地访谈与问卷调查三个方面对资料和数据的基本情况进行概述，为后续章节做好理论和资料铺垫。

第三章　地方政府防范 MITLE 路径属性

地方政府代表国家进行土地征收，在协调土地征收和社会稳定过程中，要处理或解决大量的征地纠纷、征地冲突等现实问题，具体采取了包括完善法律法规、制定政策规章、组建维稳机构、规范行政行为等一系列防范措施，在大量的防范实践活动中，逐渐总结出较为丰富的防范经验和具有普适性的防范规律，地方政府防范 MITLE 基本路径就是在丰富的防范实践活动中逐渐形成的。

地方政府防范 MITLE 路径实际上是地方政府在征地过程中围绕平安征地的目标，运用不同手段化解征地冲突群体性事件的策略、途径、方法，不同或相似的策略、途径、方法组合形成特征迥异的防范路径。尽管不同路径具有不同的运行方式和表现特征，但从防范路径整体来看，不同类型的防范路径有共同的路径属性。对于路径属性的分析，借鉴道路结构理论的三维剖面原理，将路径属性解构为路径厚度、路径宽度、路径长度三个维度。路径厚度是整个防范 MITLE 路径运行的基础平台，决定整个路径的稳定性、抗压性，以及防范系统的允许受力程度；路径宽度决定了防范路径的外围边界，划定了防范活动的外围边界红线；路径长度是指完整的防范步骤或秩序所需要的动作周期。这三个维度之间的关系是，路径厚度是一个立面维度，是路径宽度和路径长度的基础，在整个路径运行过程中发挥基础性的作用，在短时期内较为稳定；路径宽度和路径长度是两个相对独立的平面维度，二者无明显的相互作用关系(见图 3-1)。

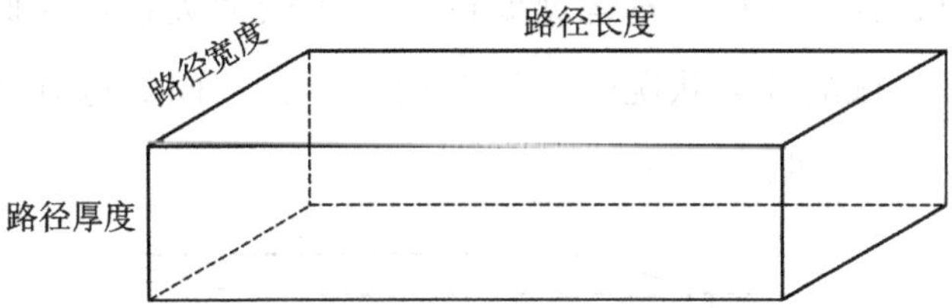

图 3-1　地方政府防范 MITLE 路径三维属性

第一节　防范 MITLE 路径厚度

地方政府防范 MITLE 的路径厚度也表现为整个防范路径的路基高度，对整个路径起平台支撑的作用，决定了防范路径的稳定性、抗压性，确保整个防范过程在坚实的平台中运行。为了能够更加直观地理解路径厚度，依据路面结构理论，将整个路径厚度分解为垫层、基层、面层三个层级，整体构成 MITLE 的防范路基。在路面结构中，垫层位于整个路基最下方，主要起隔水、排水、隔温作用，并传递和扩散由基层传来的荷载应力，保证路基在容许应力范围内工作；基层位于面层之下垫层之上，主要承受面层传递的垂直力的作用，要求选择强度较高，刚度较大的材料；面层位于最上层，它直接承受路面的垂直力、水平力的反复作用，最直接地反映路面使用性能的层次。

与路面结构的层级相对应，依法治国是党领导人民治理国家的基本方略，依法行政是依法治国基本方略的重要内容，行政机关必须根据法律法规设立，并依法取得和行使其行政权力，对其行政行为的后果承担相应责任。法律法规为地方政府防范 MITLE 提供坚实的法治支撑，行政职能为地方政府防范 MITLE 提供行政支持，因此法律法规和行政职能分别对应于路基的垫层和基层。地方政府作为 MITLE

的防范主体，在不同区域和不同层级表现出不同的特征，与地方政府的行政环境、社会环境、资源禀赋的差异有较大关系，因此，可由地方政府治理区域的社会状况表征路基面层，且不同的地方政府所表征的面层特征不一(见图 3-2)。

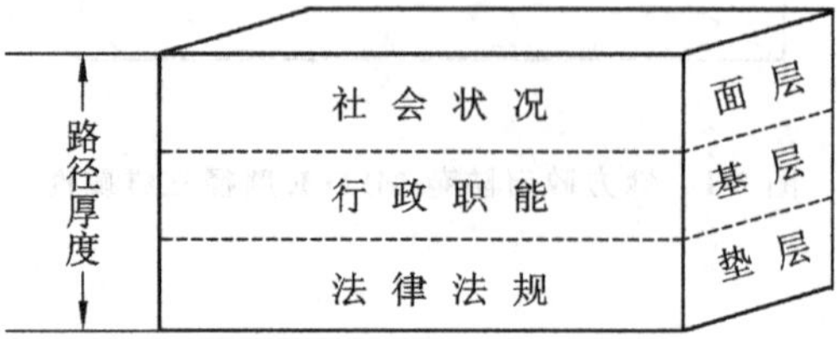

图 3-2　地方政府防范 MITLE 路径厚度

一、地方政府防范 MITLE 行政依据

法律法规从根本上回答了为什么要在征地过程中防范群体性冲突事件，即化解改革发展中的内部矛盾，维护社会秩序和社会稳定，从国家层面为地方政府防范 MITLE 提供行政支撑和指导，同时也限定了防范路基在多大承受范围内有效运行，使防范路基充分具有强度较高、刚度较大的路基特征，也主要起路基的承重作用。法律法规从根源上为防范 MITLE 提供了法治保障，形成地方政府防范 MITLE 的法律法规防御体系，是地方政府防范 MITLE 路基的重要组成部分，该结构体系主要由组织层级和内容要素两部分组成(见表 3-1)。

表 3-1　地方政府防范 MITLE 法律法规组织要素

组织层级	主要组织	具体部门
国家层级	中央立法机关	全国人民代表大会及其常委会
	国务院及部委(局)	国务院、国务院司法部、自然资源部、公安部、劳动和社会保障部、信访局等

续表

组织层级	主要组织	具体部门
地方层级	地方立法机关	地方人民代表大会
	地方政府及部门	各级地方政府、自然资源部门、公安部门、民政部门、劳动和社会保障部门、法院、检察院、信访部门等
	其他相关机构	法律援助中心、社会调解组织、专项工作组等

地方政府是防范 MITLE 相关法律法规的制定和推行主体，当前地方政府针对防范 MITLE 所依赖的行政依据主要来自国家层级和地方层级的法律法规。国家层级的组织机构主要由国务院及相关主管部门组成，负责制定国家级的防范 MITLE 行政法规，即宏观层面的政策法规，具体部门主要包括国务院司法部、自然资源部、信访局等部委。地方层次的组织机构主要由省、市、县政府及其主管部门组成，负责制定地方性的 MITLE 防范政策规章，即微观层面的规章制度，具体部门主要包括地方综治委、应急办、信访局等机构。

内容要素体现了地方政府防范 MITLE 所依据法律法规的主要内容，具体来说，即防范 MITLE 的法律法规政策体系是由哪些主要的政策、法律法规等构成，同时这些要素模块相互交织在一起，形成坚实的防范 MITLE 防火墙。通过网络查询国务院、自然资源部、劳动保障部、最高人民法院等机构，以及各级地方政府、维稳办、应急办、国土资源局、征地办等部门，收集上百个法律法规、政策、文件、通知、条例、意见、办法、规定等，通过对案例文本题目和内容整理归纳，提取出七个核心模块，包括社会稳定、依法行政、信息公开、专项督查、征地补偿、权益保障、廉政建设。这七个核心模块既相互独立，又相互联系，从不同侧重点共同组成法律法规内容防范根基。

表 3-2　地方政府防范 MITLE 法律法规核心模块①

要素模块	要素内涵
社会稳定	健全工作机制，及时化解矛盾纠纷；建立健全征地冲突群体性事件应急机制，征地拆迁信息沟通与协作机制；健全征地拆迁信访工作责任制；征地拆迁矛盾纠纷排查调处机制；开展征地风险和社会稳定评估；制定征地冲突应急预案等
依法行政	严格执行国家关于征地拆迁的法律法规和政策规定，严格依法履行有关征地程序，坚决制止和纠正违法违规强制征地拆迁行为，营造“公正合法、公平效率、宽松有序”的法治环境等
政府信息公开	落实征地信息公开的主体责任、加强征地信息主动公开、明确信息公开内容、做好征地信息依申请公开、严格信息核对、畅通并告知公开渠道，其中包括征地预公告信息、听证信息、批准信息、公告信息等
征地补偿	提出征地补偿原则，划定征地补偿范围和补偿面积，科学评估并合理制定征地补偿标准和补偿方案、征地补偿费分配办法，起草征地补偿协议，明确征地补偿流程和支付方式等
专项督查	强化征地前、征地中、征地后的监督管理，依法查处违法违规行为；对征地程序不规范、补偿不到位、安置不落实的，必须立即进行整改；对违法违规强行征地行为，要严肃查处；督促市、县政府切实履行责任等
权益保障	加强被征地农民就业培训和社会保障，促进被征地农民就业；针对被征地农民的特点积极开展职业培训，提高被征地农民的就业竞争能力和创业能力；将被征地农民纳入城镇就业体系和农村社会保障体系等
廉政建设	落实行政问责制度；加强征地拆迁过程中的纪律监督检查，加强干部党风廉政教育；规范行政权力运行制度；预防征地职务犯罪；建立保廉责任机制、保廉教育机制、保廉工作机制、保廉监督机制等

① 法律法规体现了防范的两种理念：一种是从征地内部入手，通过合理调整征地补偿标准，健全被征地农户权益保障机制等措施从内部降低 MITLE 风险；另一种是从征地外部入手，通过规范政府行政行为、做好征地过程督查等手段从外部降低 MITLE 风险。

二、地方政府防范 MITLE 行政职能

地方政府是国家公共权力的执行机关，有确定的管辖范围、完整的组织体制、独立的财政，按照财权与事权统一的原则，承担着防范地方 MITLE 的行政职能①②③。地方政府的行政职能内容十分丰富，主要包括基本职能和运行职能。行政基本职能主要包括政治职能、经济职能、社会职能三个方面；行政运行职能主要包括决策职能、组织职能、协调职能、控制职能、监督职能④。这些职能为地方政府行使合法权利防范 MITLE 提供职权保障。

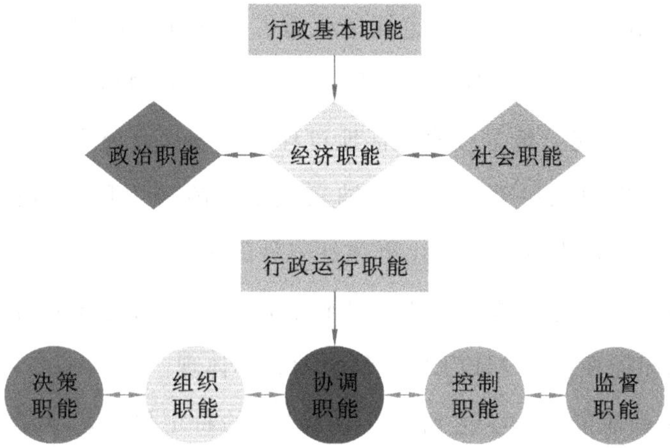

图 3-3　地方政府防范 MITLE 行政职能

① 任宗哲. 中国地方政府职能、组织、行为研究：一种经济学视角[D]. 西安：西北大学，2002.

② 孙运宏. 区域现代化中地方政府经济职能的历史演进与政策启示：以长三角地区为例[J]. 现代经济探讨，2024(3)：11-19.

③ 高小平. 政府职能转变中的公共服务能力研究：兼论《地方政府公共服务能力差异性的结构比较分析》的创新[J]. 中国行政管理，2024，40(3)：63-71.

④ 百度百科：政府职能. [EB/OL].[2024-07-03].http://baike.baidu.com/view/113120.htm.

随着经济和社会的发展，地方政府行政职能内涵、界限和结构也在不断变化。但总体而言，地方政府的行政职能明确了地方政府依法执政的主体地位，赋予了地方政府防范 MITLE 的行政依据，限定了地方政府开展征地工作并防范冲突的行政范围和行政方式，客观上决定了地方政府防范 MITLE 路径的基本形式。对于防范 MITLE 而言，地方政府的行政基本职能及内涵如下。

① 政治职能：维持国家内部社会秩序，防范因征地而引发的危害社会安全的群体冲突事件，保障被征地农民的政治权利和生命财产安全，维护宪法和法律尊严。

② 经济职能：地方政府为了地方经济的发展，对土地征收工作进行管理的职能，主要包括制定征地政策、引导征地过程、提供征地服务等，从而实现间接控制征地过程，防范征地冲突群体性事件。

③ 社会职能：地方政府在征地过程中保证社会公平、缩小发展差距，通过对失地农民就业培训、纳入城乡保障等手段调节社会分配、组织社会保障，大幅降低发生群体性事件的风险。

在地方政府行政基本职能的基础上，进一步细化并分析地方政府行政运行职能在防范 MITLE 过程中的具体体现。

① 决策职能。为了达到防范 MITLE 的特定目标，科学地选择最优防范方案、决策并付诸实施的管理职能，主要是通过对征地过程中内部和外部的风险预测，制定防范决策方案并进行方案优选、方案实施等，贯穿于 MITLE 防范的全过程。

② 组织职能。为有效实现防范 MITLE 既定目标和任务，通过建立行政组织机构，确定职位、职责和职权，协调相互关系，将组织内部各个要素联结成有机的整体，使人财物得到最合理的使用。如地方政府成立专门的维稳办（征地社会稳定小组等），明确职责和职权，统一负责辖区内的 MITLE 防范工作。

③ 协调职能。协调活动是征地冲突防范行政管理过程的重要环节。因为行政管理归根到底就是要设计和保持良好的行政环境，使人们能在组织内协调地开展工作，有效地完成行政目标，而 MITLE 防范工作涉及维稳、应急、国土、信访、财政、公安、民政等诸多部门，充分发挥好协调工作职能对于防范 MITLE 十分重要。

④ 控制职能。按 MITLE 防范行政计划标准，衡量计划完成情况并纠正计划执行中的偏差，确保 MITLE 防范目标实现的管理活动。控制职能与计划职能紧密相关，它包括制定各种控制标准；检查工作是否按计划进行，是否符合既定的标准；若工作发生偏差要及时发出信号，然后分析偏差产生的原因，纠正偏差或制订新的计划，以确保实现组织目标。

⑤ 监督职能。在 MITLE 防范过程中，第一，行政主体基于行政职权依法对行政相对人是否遵守行政法规范和执行行政决定等情况进行监督检查；第二，行政组织系统内部的监督检查，主要对防范 MITLE 的行政机关和工作人员进行监督。

三、地方政府防范 MITLE 行政环境

地方政府管辖区域的社会发展状况是其社会治理目标的结果体现，社会治理目标反映了地方政府对社会利益的价值判断和行为取向。党的十八届三中全会提出地方政府要“构建以法律、道德规范调节为手段的社会治理方式”，MITLE 防范是地方政府社会治理的重要内容。地方政府管辖区域当前社会发展状况是防范 MITLE 的具体行政环境，不同地方政府因所处区域社会环境、经济水平、资源禀赋、文化风俗等不同，其防范重点、防范方式等受人力、财力、物力的投入不同而有差异。不同区域的 MITLE 风险源不同，地方政府的治理理念和治理能力也不相同，客观上形成具有差异化的 MITLE 防范路径。

对于社会治理整体状况较好的区域，地方政府对于社会治理的主体、对象、内容、目标等具有较为清晰的认识，社会治理呈现规范化、程序化、法治化和科学化特征。征地涉及社会结构和利益格局的再调整，以构建公共服务为本的社会治理目标，能够有效平衡征地过程中经济发展与社会稳定的关系，正确处理社会利益与被征地农民利益的关系，有效彰显征地过程中公平公正的价值取向，充分调动各方利益主体防范征地冲突的积极性，从而有效形成防范 MITLE 的正式和非正式路径，类似区域征地冲突群体性事件发生的概率就越低。

相反，部分防范 MITLE 行政环境较差的区域，地方政府在社会治理中出现目标偏差，形成经济效益优于社会发展、经济利益高于社会利益和公民利益的倾向。地方政府过度追求 GDP 和经济效益的冲动，导致对地方社会发展和社会责任的漠视，破坏社会治理的公正性，削弱地方政府的治理能力和治理基础，导致信任危机[①][②]。在该治理理念主导下，MITLE 防范路径的形成缺乏良好的社会土壤，反而造成非法和暴力拆迁横行，征地冲突群体性事件发生的概率就越高。

由此看来，MITLE 防范与地方政府行政环境密切相关，不同社会治理现状下的地方政府在 MITLE 防范中所采用的策略是有差异的，因此需要对地方政府的社会治理状况评估分类。参考《中国社会治理评价指标体系》的研究成果[③]，结合研究主题，将 MITLE 防范视角下的地方政府社会治理评估体系分为社会公平、社会保障、社会安全、社会参与四大指标。如一个区域的城乡收入差距越小，基尼系数越小，

---

① 王硕. 如何提升政府社会治理能力[EB/OL].[2014-10-31].http://theory.gmw.cn/2014-10/31/content_13710099.htm.

② 靳红英. 基于生态文明建设视域的社会治理能力提升对策：评《当代中国城市基层社会治理研究：基于政府管理的分析》[J]. 中国油脂，2023，48(7)：170.

③ “中国社会管理评价体系”课题组. 中国社会治理评价指标体系[J]. 中国治理评论，2012(2)：2-29.

人均基本公共服务支出越多，表明该区域的社会越公平，被征地农民对地方政府的信任度越高，发生群体冲突的概率越小，MITLE防范的路径越制度化、程序化、规范化、成熟化。相反，一个区域的群体性事件数量越多、万人治安和刑事案件发案率越高、社会保险覆盖率越低、农村居民人均纯收入越低、重大决策听证率越低、媒体监督有效性越差，表明该区域社会保障、社会安全、社会参与状况越差，MITLE风险源就越多，MITLE防范路径便表现出零散化、脆弱化、形式化。

表3-3 MITLE视角下的地方政府社会状况评估体系

一级	二级指标	一级	二级指标
社会公平	城乡居民收入比	社会保障	社会保险覆盖率
	基尼系数		社会保障补助支出占GDP比重
	人均基本公共服务支出		农村居民人均纯收入
	基本公共服务支出占财政总支出比重		低保标准与人均消费支出比
社会安全	万人刑事案件发案率	社会参与	重大决策听证率
	万人治安案件发案率		媒体监督有效性
	非正常死亡率		万人社会组织数量
	群体性事件数量		

第二节　防范MITLE路径宽度

地方政府在防范MITLE过程中并不是可以采取任何手段和措施，不能为了防止MITLE发生而不择手段，比如违法动用甚至滥用警力、违规瞒报征地群体安全隐患、违反既有征地标准流程等。这就要求地方政府在防范MITLE过程中必须设定一定的防范边界，所有防范工作开展必须遵循一定的法则和程序，所采用的手段和措施必须在限定范围内，否则就是非法防范路径，会严重破坏整体防范路径的根基。因此，地方政府防范 MITLE 的路径宽度就是由一些基本的准则、程序将防范手段和措施限定在有限范围内，以确保防范过程的法制性、有序性和持续性。从防范划定的范围来看，可分为路径绝对宽度和路径相对宽度。

路径绝对宽度是地方政府在防范过程中都必须坚守的准则，具体由法律法规和行政程序两条防范红线限定。第一，法律法规在为地方政府防范 MITLE 提供法治保障和支撑的同时，也成为防范工作的法制防火墙，规定哪些可以做、哪些不可以做，所有防范工作必须以法律为准绳，通过法定形式确定防范边界。同时也为地方政府限定了行政法定职权，防范工作必须在行政边界、行政权限范围内开展，不失职、不越权。第二，行政程序是行政主体行使行政权力，作出行政行为所应遵循的方式、步骤、顺序和期间的总和。行政程序规定了地方政府具体的防范步骤和顺序，这就与其他防范主体区别开来，如社会组织的防范并没有严格的防范程序和标准。

相对于路径绝对宽度，路径相对宽度是在路径绝对宽度的范围内，地方政府依据自身不同的防范水平和防范措施所拓展的弹性宽度，相对宽度越宽，MITLE 发生率越低；相反，相对宽度越窄，MITLE 发生率越高，具体由地方政府的行政能力和策略合集两条防范蓝线划定。第一，MITLE 防范是一项极其考验地方政府行政能力的复杂工作，涉及矛盾调解、利益协调、信息收集等多项工作，其行政综合能力越强，防范路径就越宽；第二，MITLE 防范又是一项综合性的工作，需要在不同时期采用不同的防范策略，或者是各种防范策略在同一时期的不同组合，防范策略越多、组合越合理，防范路径就越宽。因此，在路径绝对宽度短期内不变的情况下，行政能力和策略合集的各自作用和组合优化程度决定了防范路径的相对宽度(见图 3-4)。

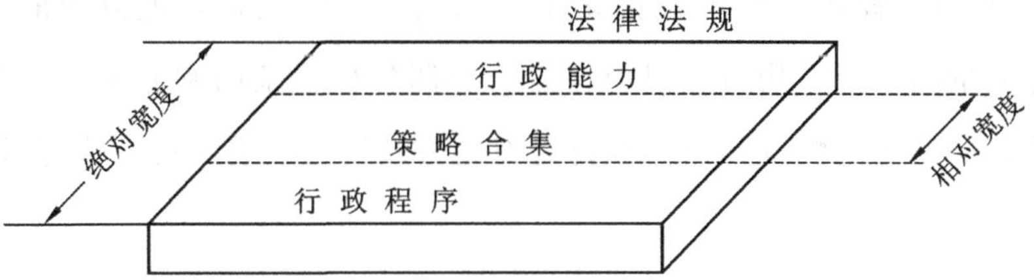

图 3-4　地方政府防范 MITLE 路径宽度

一、地方政府防范 MITLE 行政能力

地方政府行政能力主要体现在地方政府将政策所规定的内容变为现实的过程，是为实现政策目标而重新调整运行模式和进行利益再分配的动态过程。简单来讲就是把政策所规定的目标和措施付诸实施的各项活动，是对地方政府行政职能的有效履行，即政府的执行力。其主要特征主要表现为强制性、公共性、多样性、组织性、实效性[①][②]，具体表现在制度完备性、政策稳定性、政务公开性、决策民主性、执法公正性、政府公信力、决策科学性等。

地方政府行政能力发挥的首要内容是确定正确的行政方向和行政目标。防范 MITLE 是一项较为复杂的系统工程，更是一个动态的多方利益主体博弈过程，这就要求作为拥有公权的地方政府能够确立好在征地过程中的防范职能和目标定位，切实以公共利益的代表者身份运用行政力量协调征地过程中各种利益和关系，确保征地过程中避免

① 李倩. 地方政府处置群体性事件的行政能力研究[D]. 郑州：河南大学，2011.
② 李智永. 中国式乡村基建的模式与路径：基于资源约束和行政能力的分析框架[J]. 学习论坛，2024(4)：101-108.

发生群体冲突。地方政府防范 MITLE 的行政方向必须以满足广大人民群众的利益为导向，行政目标是防止征地过程中发生群体性冲突事件。MITLE 防范工作涉及诸多工作部门、工作人员，地方政府需要调配大量的人力、物力、财力，需要协调各种复杂的利益主体和利益关系，如何协调配置并具体执行是对地方政府行政能力的巨大考验。

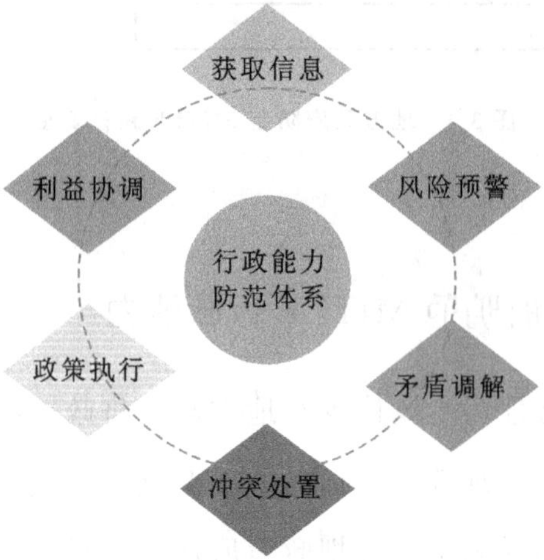

图 3-5　地方政府防范 MITLE 能力体系

地方政府防范 MITLE 的行政能力体系主要由获取信息能力、利益协调能力、政策执行能力、风险预警能力、矛盾调解能力、冲突处置能力等构成。具体如下。

① 地方政府获取信息能力。地方政府了解和熟悉 MITLE 各种信息源，掌握群体冲突信息产生的动态和冲突信息传输的渠道，提高冲突信息的关注度、敏感性，深入被征地区域建立群体冲突信息关系网，及时获取相关信息的能力。

② 地方政府利益协调能力。地方政府在征地过程中确保大众根本利益一致的前提下，通过价值引导、制度建设等策略和方法协调征地

利益主体之间的利益关系，促使征地过程由群体冲突走向和谐的能力[①②]。

③ 地方政府政策执行能力。地方政府及工作人员作为 MITLE 防范政策执行主体，充分运用自身所掌握的行政资源，采取层级节制、法律威慑、动员劝说、前景诱导等措施，强化各级政府和社会组织及公民个人执行政策的能力[③]。

④ 地方政府风险预警能力。地方政府在防范 MITLE 过程中，根据监测和排查得到的相关信息，及时评估群体性征地冲突存在的潜在风险，以评估结果和监测结果及时响应风险处置预案的能力[④]。

⑤ 地方政府矛盾调解能力。地方政府在防范 MITLE 过程中，及时发现矛盾源头，通过完善利益诉求渠道及时回应利益诉求，找出矛盾解决办法，防止矛盾激化升级，有效化解征地引发的社会矛盾的能力。

⑥ 地方政府冲突处置能力。在征地冲突发生后，地方政府根据冲突现场实际情况，及时协调相关部门，并采取有效措施控制征地冲突，避免演化为群体性征地冲突事件，将征地冲突造成的损失和影响降到最小的能力。

二、地方政府防范 MITLE 策略合集

地方政府防范 MITLE 必然要调动各种行政和社会资源，借助包

---

① 吴义慈. 领导者提高利益协调能力的思路[J]. 领导科学，2010(14)：22-24.

② 陈波，鲁明媚. 乡村治理中的情境博弈、策略选择与利益协调：基于鄂西 L 县政府贫困治理的案例分析[J]. 学习与实践，2024(2)：41-51.

③ 谷政，王素芹，杜婷. 地方政府农业保险政策执行力及影响因素研究[J]. 保险研究，2024(1)：36-48.

④ 宋海朋. 地方政府防范群体性征地冲突能力评价及提升研究[D]. 武汉：华中科技大学，2015.

括行政、法律、程序等具体手段，各种措施和方式的总和构成了防范MITLE的策略合集。从策略合集的静态来看，防范策略的总和越小，防范策略就越单一，其所构成的防范路径越窄；反之，防范策略总和越大，防范策略的多样化程度就越高，越能够形成丰富的防范路径，从而拓展路径相对宽度。从策略合集的动态来看，在既有防范策略总量不变的状况下，防范策略的协同组合同样重要，即在不同状态或时期的MITLE风险防范过程中，有针对性的策略优化不仅能够大大节约防范成本，更能够快速有效降低MITLE发生风险；反之，不合时宜或不恰当的策略使用与组合反而能够刺激已有的MITLE风险，促使其演化为征地冲突群体性事件。

通过实地访谈及文献资料的整理发现，当前地方政府在防范MITLE过程中主要采用的防范策略包括政策防范、组织防范、程序防范、宣传防范、综合防范等方面。

第一，政策防范。地方政府围绕防范MITLE这一总体目标，通过制定并出台大量的规章、制度、文件等政策措施降低MITLE风险，政策着力点主要集中在禁止非法强拆、防止征地腐败、多样化补偿方式、畅通救济渠道、维护公开公平等方面。

第二，组织防范。地方政府通过明确防范MITLE主体责任，成立征地拆迁社会稳定领导小组，组织协调国土、规划、财政、公安、维稳、信访等部门，构建职、责、权相统一的动态防范结构体系等组织管理措施，实现MITLE防范工作统一有序。

第三，程序防范。地方政府通过落实并强化土地征收程序，严格执行并监督征地的每一个流程，防止因征地程序的纰漏而埋下MITLE隐患。同时，制定标准的行政程序，规范地方政府行政行为，通过程序把控的方式防止因地方政府自身的违规行为导致防范工作的失利。

第四，宣传防范。地方政府开展大量的舆论和思想宣传工作，通过官媒的形式引导或疏通被征地农户的不解和疑虑，如通过宣传或讲解现行征地补偿标准及政策，解释为什么不同区域的补偿标准大不相同，从而排解农民困惑，降低冲突风险。

第五，综合防范。征地群体纠纷具有多样化、复杂化的特征，除了常规的防范措施外，地方政府还采用征地信访、征地听证、行政调解、行政诉讼、人民调解、协调裁决、公安干预等方式方法，针对不同的征地纠纷矛盾采用不同的防范策略，达到综合防治的效果。

不同防范策略在防范时期、防范力度等方面具有明显的差异性，各个防范策略之间也相互联系、相互影响，只有实现不同防范策略在时间、空间和功能上形成有序的协同结构才能达到最优防范效果，只有实现防范策略的优化配置组合才能促使整个防范系统发挥整体效应或集体效应，这种协同结构和配置组合的优化就是地方政府防范MITLE的最优路径。依据协同论的伺服原理①，在某一阶段采取一种或两种主要防范策略，其余防范策略服从主要策略的方法，更能够达到较好的防范效果。如在征地初期阶段，征地纠纷和矛盾风险较小，主要进行政策防范、宣传防范，通过完善相应的规章制度从源头降低MITLE风险；在征地中期阶段，征地纠纷和矛盾开始凸显，主要采取组织防范和程序防范，重点通过统一组织管理的方式化解冲突风险；在征地后期，征地纠纷和矛盾不断涌现且日益尖锐，政策防范、宣传防范、程序防范等发挥的作用极其有限，必须采用综合防范的策略，如一旦出现MITLE发生苗头，果断采用公安暴力的方式进行强制干涉化解。

---

① 伺服原理就是快变量服从慢变量，序参量支配子系统行为，实质在于规定了临界点上系统的简化原则——“快速衰减组态被迫跟随于缓慢增长的组态”。

第三节　防范 MITLE 路径长度

征地冲突群体性事件防范路径长度是地方政府在针对具体的征地项目，完成一系列 MITLE 防范步骤或程序所需要的动作周期，而防范动作又是针对征地过程中群体冲突风险而实施的具体策略。征地冲突风险由征地行为引发，只有当发生或可能发生征地行为时，才会有引发 MITLE 风险的可能，才有防范 MITLE 的必要。因此，MITLE 防范是伴随征地行为的发生而出现，防范路径的绝对长度就是征地的整个过程。同时，在不同阶段，征地工作的主要内容也不同，产生的 MITLE 风险也有差异，所采取的防范策略不尽相同，有的策略会贯穿整个征地过程，有的策略出现在某一阶段，有的策略则仅出现在某一特定情境。依据不同的划分标准，不同策略的组合形成不同的路径类型，不同类型的防范步骤和程序所需要的动作周期又构成了路径的相对长度。

与路径的绝对长度不同，路径相对长度具有弹性特征，不同防范策略的任意组合形成不同的长度。MITLE 防范路径相对长度可由防范所经过的重要节点数量表示，不同防范路径所针对的防范内容、防范阶段、防范重点不同，其采取的防范策略也各有差异，其防范所涵盖的节点数量也不相同，其路径长度也不同。从 MITLE 防范的全过程来看，主要节点包括政策准备、风险评估、程序设定、组织控制、纠纷调解、权益保障等。同时，路径的长度也具有一定的区域特性，不同区域所面临的 MITLE 发生风险具有差异，地方政府的防范水平和能力也有差别，致使地方政府防范 MITLE 路径也依据具体的防范实践相应调整节点数量，形成区域差异的防范路径长度。

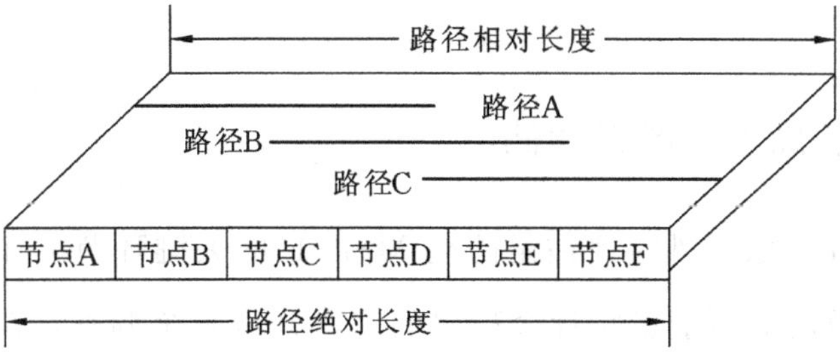

图 3-6　地方政府防范 MITLE 路径长度

一、节点 A：政策准备

地方政府防范 MITLE 必须在法律法规的框架下开展具体工作，成体系的法规政策可以从源头上降低 MITLE 发生风险。因此在征地工作开展之前，对相关政策文件的梳理、查缺补漏至关重要，主要检查政策、法律依据是否充足，避免因法规政策的缺失或滞后为 MITLE 发生埋下隐患，造成 MITLE 风险的传递及不断放大，导致征地的一般冲突演化为群体性冲突。相关的政策文件对于 MITLE 的防范主要从内部降低 MITLE 发生风险和从外部防止征地冲突突变两个方面入手。

从内部降低 MITLE 发生风险来看，主要是重点把握 MITLE 风险源头，如征地补偿标准是 MITLE 发生的重要诱因，是否有充足的补偿标准法规政策，以及补偿标准政策的时效性如何；对于失地农民的权益保障是否有相关的政策文件予以保护；是否有明确的征地信息公开政策规范等，避免因征地相关政策的缺失或滞后从内部增加 MITLE 的发生风险。从外部防范 MITLE 突变演化来看，主要是检查是否做好 MITLE 发生的维稳及应急预案；是否从政策上有效规制地方政府及公职人员的行政行为；是否从政策上畅通了被征地农户的信访及救济渠道等。

二、节点 B：风险评估

征地社会稳定风险评估是防范 MITLE 的关键环节。在土地征收前，地方政府对可能影响社会稳定的因素开展系统调查，在调查的基础上就可能引发的矛盾冲突与潜在风险进行综合评估，做出科学预测，进而制定风险应对策略和预案，有效规避、预防、控制征收过程中可能存在的社会稳定风险。科学评估，做好风险防范和调控工作，是保证土地征收项目顺利进行、区域社会稳定、可持续发展的重要一环①，其评估内容主要包括征地政策和征地项目的合法性、合理性、可行性和可控性②③。

① 合法性评估。集体土地征收的实施部门是否有相应的职权，并在权限范围内实施；征地及补偿安置工作事项是否符合国家有关法律法规和规划，涉及政策调整、利益调节对象和范围是否界定准确，政策、法律依据是否充足。

② 合理性评估。征收事项是否符合大多数群众的根本利益；是否符合当地的经济社会发展的总体水平；是否保持了相关政策的稳定性、连续性和统一性；是否兼顾人民群众现实利益和长远利益；是否兼顾了不同利益群体的诉求。

---

① 《关于进一步严格征地拆迁管理工作切实维护群众合法权益的紧急通知》(国办发明电〔2010〕15 号)和《关于建立健全重大决策社会稳定风险评估机制的指导意见(试行)》(中办发〔2012〕2 号)，明确规定“拆迁项目立项前要组织专家论证，广泛征求社会各界特别是被拆迁人的意见，并进行社会稳定风险评估”。将“城市建设中土地征用、拆迁扩建、居民安置等决策纳入社会稳定风险评估重点范围，防止在决策、审批等前端环节因工作不当产生社会矛盾”。

② 陈莹莹. 土地征收社会稳定风险评估浅析[N]. 中国国土资源报，2014-09-02.

③ 纵兆康，耿伟，等. 社会治理视域下土地征收社会稳定风险评估探析[J]. 中国工程咨询，2022(1)：86-90.

③ 可行性评估。征收事项是否经过审查报批程序和可行性论证；是否符合国家产业和相关政策；是否具备人力、物力、财力等方面的保障，如征地预存款是否落实，征地补偿安置政策宣传是否到位；出台、实施的时机是否成熟。

④ 可控性评估。征收事项是否会引起利益相关者的严重对立，是否存在群众上访、社会负面舆论等公共安全隐患；针对可能出现的社会不稳定事件是否有相应的预警措施、应急处置预案和对策措施；引发事件是否在可控制范围之内。

三、节点 C：程序设定

征地程序设定是指一系列按照一定顺序进行的直接或间接围绕征地工作开展相关活动的有序组合。防范 MITLE 路径长度是由不同的征地业务流程的过程防范所组成。对于整个征地周期而言，MITLE 发生风险可能存在于征地前、征地中、征地后三个阶段中的任一流程环节，如果程序链上的某一环节蕴含的风险不能得到及时有效控制，这一风险在一定的条件下就会按照价值链的逻辑顺序与前进方向不断向前传导给其他操作环节，而且这种风险传导具有极强的风险放大效应，风险传递的环节越长越久，造成的后果越严重，即征地业务流程中蕴含的风险越多越久，征地过程中发生群体性冲突事件的概率就越高。

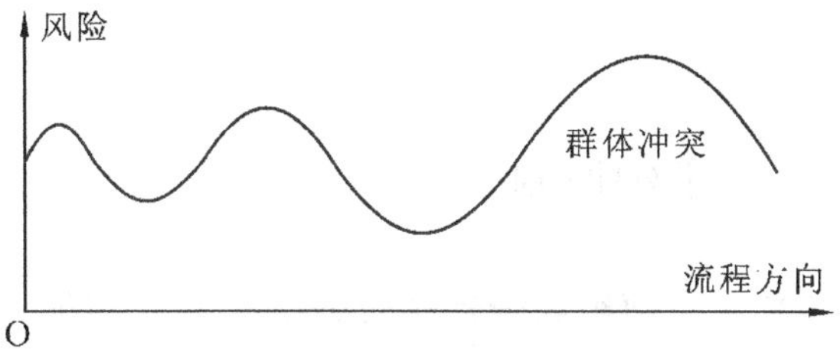

图 3-7　MITLE 风险传递和放大效应

征地前工作程序是在未实施具体征地行为前，依照已有的文件规定[①]所需要完成的必要法定征地程序。征地工作程序是在丰富的实践中形成，具有防范 MITLE 的内在程序逻辑，通过设定具体步骤，设置多环节、多部门、多主体的审查，以此防止违法违规征地，防范征地腐败，从而最大程度在程序上降低征地冲突群体性事件发生隐患。法定工作程序和步骤本身就是群体冲突防范的初始路径。从具体操作来看，一般征地前 MITLE 防范工作程序主要分为征地报批前工作程序和征地批准后工作程序两个阶段。

（1）征地报批前防范工作程序

征地报批前防范工作程序主要包括告知征地情况、确认征地调查结果、组织征地听证。在征地依法报批前，当地自然资源部门将拟征地的用途、位置等以书面形式告知被征地农村集体经济组织和农户。对拟征土地的权属、地类等现状进行调查，并与被征地农村集体经济组织等共同确认，且告知被征地农村集体经济组织和农户，对拟征土地的补偿标准、安置途径有申请听证的权利。

（2）征地批准后防范工作程序

征地报批后工作程序主要包括发布征地土地公告、办理征地补偿登记、发布征地补偿安置方案公告。防范方式由地方政府依据相关法律法规，各级政府及部门严格依照法定权限、审核程序和审核方式，依法对征地相关材料要件进行审核、批准、发文，防止因法律要件缺失、程序违法违规、未报未批先征等违法行为引发群体性征地冲突事件。

四、节点 D：组织控制

防范 MITLE 是一项组织管理性较强的工作，在征地工作进行中，

---

① 《关于印发〈土地征收成片开发标准〉的通知》》（自然资规〔2023〕7 号）。

需要有特定的组织机构(包括常设机构和临时机构)统一协调管理，要明确组织机构内部的职务或职位，厘清责权关系，制定明确的组织目标，科学协调各部门之间的关系，通过组织手段做好防范 MITLE 管理工作，如地方政府设立维稳办、应急办、综治办、调解中心，以及针对专项行动成立的征地社会稳定领导小组等。

(1) 组织行为规制

征地行政执行是征地行政管理活动中的一个重要环节。诸多事实表明[①]，粗暴野蛮式的征地执法行为是诱发群体征地冲突的重要诱因之一，尤其表现在征地现场执法人员带有人身攻击性质的暴力征地。因此，对于征地行政行为动作，地方政府要强化文明征收的意识，严格依法行政，及时纠正违法或不当行政行为，尽量避免行政强制性行为，规范具体工作人员的行政执法行为。

(2) 组织内部监督

权力过于集中、信息不对称、交易主体多等导致征地中的腐败问题突出，少数干部利用手中的权力吃拿卡要，容易成为征地冲突群体性事件发生的导火索。组织内部监督重点在于征地腐败的监督，要完善监管机制，突出监管重点、创新监督举措，为征地拆迁行为织密“监督网”，实行阳光运作，让征地拆迁工作实现“全透明”，同时，始终坚持利剑高悬，严肃查处征地拆迁中的贪污腐败案件。

五、节点 E：纠纷调解

征地纠纷是征地过程中无法避免的社会矛盾，并在一定的外在条件下容易演化为征地冲突群体性事件。因此，征地纠纷调解是征地中

---

① 如 2014 年 5 月 20 日发生的山西运城征地冲突群体性事件、2018 年 4 月 4 日发生的陕西省永寿征地冲突群体性事件、2024 年 5 月 25 日发生的广东梅州征地冲突群体性事件等。

防范 MITLE 的重要内容，是防范 MITLE 的重要节点，地方政府必须高度警示，一般通过成立相应的纠纷调解机构并明确纠纷调解范围，对民间纠纷当事人进行规劝疏导，促使纠纷各方互谅互让，消除纷争。征地纠纷调解一般遵循四条原则：①查明事实，分清是非，明确责任。调解不是“和稀泥”，必须以事实为根据，在查明事实、分清是非的前提下明确双方应承担的责任。②依照法律、法令、政策进行耐心细致的说服工作。法律、法令、政策是解决征地争议的准绳，双方都要遵守。③调解过程既要有原则性，又要有灵活性。即在分清是非、坚持法律、政策规定原则基础上，具体考虑双方实际情况，实事求是地解决。④争取有关部门的配合与支持。征地纠纷涉及有关各方的，要主动与他们联系，听取他们意见，取得他们的配合与支持，妥善解决问题。除此之外，还可以通过行政裁决、行政诉讼等多渠道进行纠纷调解处置。

六、节点 F：权益保障

土地交付后，征地工作基本完成，征地纠纷与矛盾基本得到有效解决，MITLE 的发生风险大大下降，但是如果不能杜绝或者降低征地后的延伸性损害，包括补偿不能及时到位、社会基本保障缺失、安置补偿不能兑现等，群体性冲突事件仍有可能继续发生。因此，地方政府要做好被征地农户的权益保障工作：第一，继续检查政策落实情况，规范被征地农民社会保障资金管理，核实补偿到位情况，加强被征地农民社会保障工作的监督检查，跟踪调查被征地农户的生活状况和思想动态，严格征地中对农民社会保障落实情况的审查；第二，有条件的地方加强被征地农民职业教育和技能培训，大力支持和鼓励被征地农民自主创业、就业，实行有差别的分类保障，进一步建立健全已有的社会保障体系。

第四节 本章小结

本章借鉴道路结构理论对地方政府MITLE防范路径进行解析，将防范路径的基本属性抽象为路径厚度、路径宽度、路径长度三个维度，整个防范活动是在三个路径维度的基本框架下运行。其中，路径厚度是整个防范路径运行的基础性平台，路径宽度决定了防范路径的外围边界，路径长度是指完整的防范步骤或秩序所需要的动作周期。并对三者之间的关系进行分析，路径厚度是一个立面维度，是路径宽度和路径长度的基础；路径宽度和路径长度是两个相对独立的平面维度，二者无明显的相互关系。

对于地方政府MITLE防范路径厚度来看，将整个路径厚度分为垫层、基层、面层三个层级，构成征地群体性冲突事件的防范路基，具体由法律法规、行政职能、社会状况表征；路径宽度是由一些基本的准则、程序将防范手段和措施把整个防范活动限定在有限的范围内，可分为绝对宽度和相对宽度，分别由法律法规和行政程序、行政能力和策略合集四条界线划定；路径长度指完成一系列征地群体冲突防范步骤或程序所需要的动作周期，要重点把握防范所经过的重要节点，如政策准备、风险评估、程序设定、组织控制、纠纷调解、权益保障等。

第四章　地方政府防范 MITLE 路径类型

从地方政府防范 MITLE 路径的宏观层面来看，整体具有一些共同的路径属性，这些属性表征了宏观路径的基本特征；从微观层面来看，防范工作的复杂性和具体性又决定了整个防范过程必然呈现各式各样、不同特征、不同内容的具体路径，这些具体路径在不同时期和不同状态下发挥的作用也不相同。在诸多防范具体路径中，我们选取政策把控路径、组织管控路径、综合调控路径三个主要类型进行具体剖析。其中政策把控路径是通过构建相对完备的政策防范体系，充分发挥政策的管制、引导、调控、分配功能，从制度层面对 MITLE 进行引导，总体把控 MITLE 防范的整体方向；组织管控路径是通过发挥组织管理的内部控制作用，从组织结构、组织责任、组织协同等方面对 MITLE 进行管控；综合调控路径是针对具体且不同类型的 MITLE 发生风险，系统运用协调裁决、征地听证、行政诉讼、行政复议、行政调解等各种专业措施，通过综合性的手段协同达到防范 MITLE 的目标。

对于具体路径的分类主要基于以下几点：

第一，对于建设平安中国，习近平总书记强调，抓好社会治安综合治理工作要坚持系统治理、依法治理、综合治理、源头治理的总体思路。征地冲突群体性事件防范是建设平安中国的组成部分，四个治理的总体思路对于 MITLE 防范工作具有重要指导意义。其中，政策把控路径充分体现了依法治理的思想，是依法治国的策略体现，也表现出通过制度的手段对征地冲突群体事件进行源头风险控制；综合调控路径又充分体现了综合治理的基本内涵，是综合治理的具体延伸；组织管控是系统性的组织管理工作，属于系统治理的组成部分。因此，三个路径类型的划分充分体现了习近平总书记对于建设平安中国的总体治理思路。

第二，依据征地冲突群体性事件防范的基本规律来看，在征地初期，为了最大程度在源头防范 MITLE，地方政府一般会通过政策法规、规章文件等方式从制度层面堵住发生群体冲突风险的漏洞，以免后期冲突风险不断放大；当征地工作在具体实施中，大量纠纷矛盾逐步凸显出来，地方政府通过组织管控的手段，严肃征地纪律、规范征地行为，通过部门协同等方式对冲突风险进行化解；在征地中后期，大量征地纠纷矛盾集中爆发，单一的防范措施已经难以防范诸多复杂的征地冲突，综合性的调控措施从多个方面、不同渠道对冲突风险进行化解。因此，三个路径类型的划分符合征地冲突群体性事件防范的基本规律。

第三，征地冲突群体性事件防范本身是一项政策性很强的工作，涉及征地补偿标准、社会基本保障、行政程序规定、政府信息公开等诸多政策法规；是一项组织性很强的管理工作，涉及维稳、信访、国土、城建、公安、民政、应急等诸多部门协调；是一项综合性很强的社会工作，涉及社会生产、人民生活等问题。这三个特性决定了征地冲突群体性事件防范工作离不开这三个方面，针对不同的冲突风险，采用不同的防范策略进行防控化解。

同时，政策把控路径、组织管控路径、综合调控路径三种类型充分体现了从宏观到中观，再到微观逐步递进的防范思路。政策把控路径从宏观层面予以指导规范、把握整体防范原则，组织管控路径通过组织管理的形式对相关政策法规予以贯彻和执行，在遇到具体冲突问题时，采用综合调控路径进行疏导和化解。三种路径类型既相互联系，又相互独立。

第一节　防范 MITLE 政策把控路径

政策把控路径是依据设立的既定政策目标，通过发挥政策的引导功能、管制功能、分配功能、调控功能，采取制定或更新现有的政策、法规、规章、意见、文件等形式整体把控 MITLE 的防范理念、防范方向、防范力度，从宏观层面指导、规范、约束地方政府防范行为。从路径长度来看，政策把控工作主要包括防范 MITLE 政策文件的制定、更新、执行，主体工作主要集中在征地前期，所涵盖的防范主要节点包括对相关政策文件的梳理、查缺补漏，检查政策、法律依据是否充足，是否有科学的补偿标准，以及补偿标准政策的时效性如何，是否有明确的征地信息公开政策规范等，重点为防范 MITLE 过程中可预见的冲突隐患做好政策准备。从路径宽度来看，地方政府防范 MITLE 政策法规由不同层次、不同类型、不同内容的法律法规、规章制度等组成，不同政策依据不同的防范重点制定，政策法规的完善性、充足度、体系化决定了政策把控路径的宽度。从路径厚度来看，地方政府的政策制定、执行的行政职能和行政环境越好，政策把控路径的稳定性、抗压性就越强。

同时，该路径的特质主要表现为：第一，体现依法治国的理念。地方政府的 MITLE 防范工作必须限定在法治框架下，一方面对已有法规文件的严格执行，另一方面及时更新或补充政策；第二，政策把控是地方政府防范 MITLE 工作的重要依据和支撑，但并不直接参与 MITLE 防范工作，不发生具体的防范行为；第三，政策把控对防范具有方向性的决定作用，政策制定的科学与否、政策执行的严格与否对防范 MITLE 具有重要影响。同时，该路径的缺点主要体现在：第一，政策的更新、制定、出台、执行、起效周期较长，难以应对突发的征地冲突群体性事件；第二，征地冲突群体性事件诱因较多，而且随着社会发展，涌现出各种新的诱因，政策法规的滞后特性使其难以满足及时应对征地冲突群体性事件防范的需求；第三，征地冲突群体性事件往往发生在农村基层，不同农村的风土人情差异较大，宏观政策灵活性较差，难以指导较为复杂的征地冲突防范工作。

一、政策防范框架

作为政治系统输出的主要内容，政策本质上是一种权威性的社会价值分配方案①②。土地价值的社会重新分配涉及各种利益的调整，各个利益主体的利益诉求纠葛在一起埋下诸多冲突隐患。地方政府在制定防范 MITLE 相关政策时必然要考虑这些冲突隐患，MITLE 防范的综合特征客观要求政策体系具有结构性，防范政策元素之间以及不同政策单元之间必须能够相互联系、彼此调适，形成有机的政策体系，以充分发挥其对 MITLE 的综合防范功能。诸多防范政策交织在一起客观形成 MITLE 的政策体系防范网络，构成地方政府防范 MITLE 的重要路径。

地方政府防范 MITLE 的政策体系并不是由某个单一的政策构成，而是由不同层次、不同类型、不同内容的法律法规、规章制度等多种组合协调形成，具体由政策目标、政策功能、政策主体、政策类型四

① 丁煌. 政策制定的科学性与政策执行的有效性[J]. 南京社会科学，2002(1)：38-44.

② 陈水生. 公共政策失败及其治理：一个整合性分析框架[J]. 学术月刊，2022，54(2)：91-102.

个方面构成地方政府防范 MITLE 的政策防范基本框架(见图 4-1)。

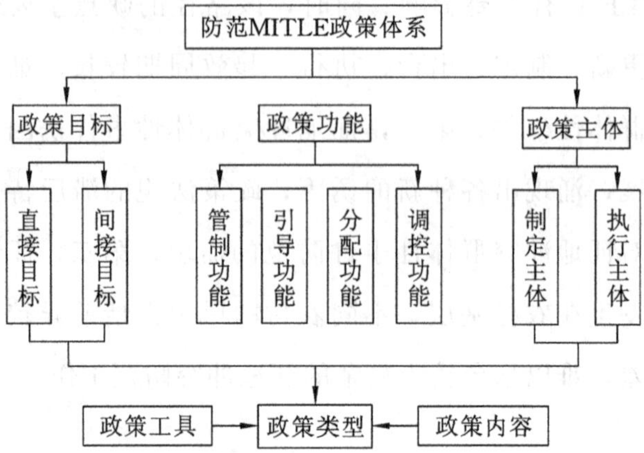

图 4-1 地方政府防范 MITLE 政策体系基本框架

一般而言，政策目标是政策制定者希望通过政策实施所要达到的目的，是政策手段设计的参照、资源调动的理由和评估结果的标准①②。地方政府防范 MITLE 的目标体系必须体现相关政策的有效范围、作用程度以及政策最终所达到目的的思路。从目标类型划分来看，可分为直接目标和间接目标。直接目标是指相关政策规章文件的制定以防范 MITLE 为唯一或主要目标，如《关于进一步严格征地拆迁管理工作切实维护群众合法权益的紧急通知》(国办发〔2010〕15 号)；间接目标是指相关政策文件在指导和规范相关其他征地行为过程中，客观上形成了防范 MITLE 的目标事实，如《关于认定"被征地农民知道"征收土地决定有关问题的意见》(国法〔2014〕40 号)。从政策的目标层级来看，可分为总目标、分目标、子目标三类(见图 4-2)。总目标是防范

① 王世强. 政府培育社会组织政策工具的分类与选择[J]. 学习与实践，2012(12)：78-83.

② 黄新华，廖燕珠. 精准还是脱靶：政策工具与政策目标的适配性研究：基于大气环境规制政策的模糊集定性比较分析[J]. 社会科学研究，2024(3)：49-59.

征地冲突群体性事件；分目标是总目标的有机组成部分，包括法治目标、补偿目标、安置目标、救济目标、社会目标；子目标是对分目标的具体分解，包括禁止非法强拆、防止征地腐败、补偿标准科学、补偿方式合理等。

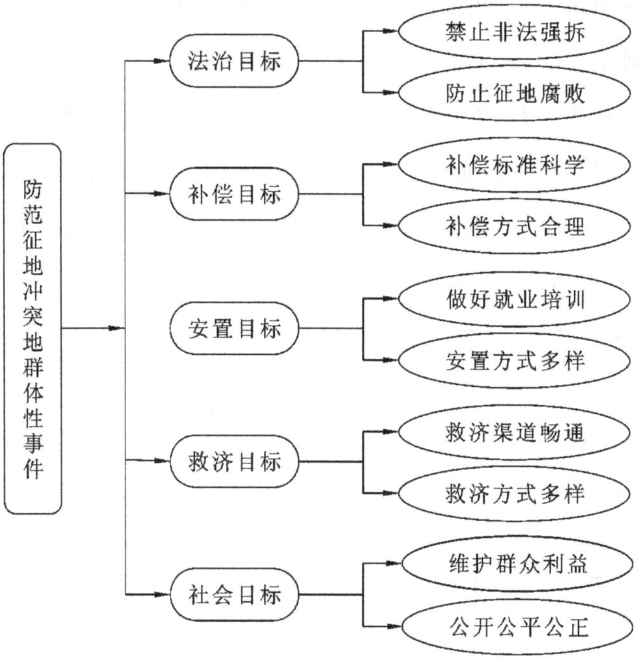

图 4-2　地方政府防范 MITLE 政策目标集

相对政策客体而言，防范 MITLE 政策主体主要包括在政策制定、实施与评估等阶段上对政策问题、政策过程、政策目标群体主动施加影响的人员，一般分为政策制定主体、政策执行主体、政策监督主体。冲突防范政策制定主体是为了实现冲突防范目标，依据立法机关制定的法律和政策，制定相应的法规、政策、规章、文件等的部门，主要是行政机关。政策执行主体是负责执行同级立法机关和上级行政机关的政策。政策监督主体是各级行政机关对其下级行政机关监督执行，确保各种法律法规、政策的贯彻执行。

当前防范 MITLE 政策制定主体分为三个层级(见图 4-3)。第一层级为国家及部委级，主要出台一些国家级大法，从宏观层面制定防范 MITLE 的方针、意见等指导性文件，具体主体包括全国人大、国务院、自然资源部等；第二层级为省级，依据国家及部委的政策精神，从中观层面结合具体省情出台相关的文件规定，具体主体包括省级人大常委会、省级人民政府，自然资源厅、信访局等省级部门；第三层级为市级及以下(即本研究所指的地方政府)，依据省级文件精神，结合市情从微观层面制定相应的防范政策，具体主体包括市级人民政府、维稳办、综治办、国土资源局等部门。

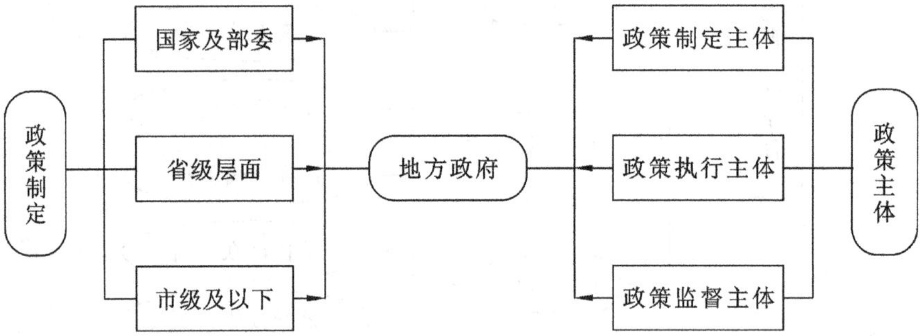

图 4-3　地方政府防范 MITLE 政策主体

可以看出，地方政府既是防范 MITLE 的政策制定主体，又是政策的执行主体和监督主体，三个政策主体合一的身份使得地方政府能够充分利用政策工具，科学做好冲突防范工作。在政策制定层面，能够围绕防范总目标、分目标和子目标，充分结合所辖范围的经济、社会、文化等发展水平，制定具有针对性、多方位、立体化的防范 MITLE 政策；在政策执行层面，能够充分、直接、高效调动辖区内的各种政治、经济、社会资源，组建征地社会稳定领导小组等相关机构，通过政策宣传和分解，协调和调控各种政策行动，充分将政策观念转化为实际效果；在政策监督层面，充分督查政策执行和实施过程中的政策敷衍、政策附加、政策替换、政策缺损、政策照搬等问题，避免因政策偏差引致的冲突问题。由此看出，地方政府作为三合一主体，除了通过自身制定政策规章引导规范征地行为来防范 MITLE 发生，其严格执行中央政府的相关政策法规本身也属于防范 MITLE 的路径范畴，二者是相互对立统一的关系。

二、政策防范功能

地方政府利用政策体系对 MITLE 的防范由围绕政策所开展的一系列活动组成(见图 4-4)，其主要依赖于政策体系中的法规、文件、意见等基本内容的管制功能、引导功能、调控功能、分配功能的相互组合得以实现，四种功能充分体现并应用于征地前、征地中、征地后的防范全过程。

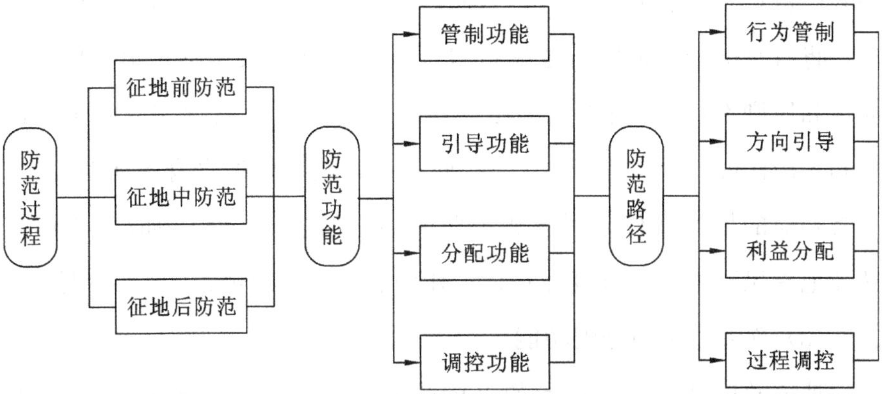

图 4-4　地方政府防范 MITLE 政策体系防范功能

(1) 政策体系的管制功能

政策问题的解决，可以通过规定政策对象不做什么来达成政策目标。具体到地方政府防范 MITLE 政策体系而言，首先，地方政府严格执行中央及各部委关于防范MITLE的相关文件，对地方政府在征地过程中的违法违规行为进行管制，在行政权力方面对地方征地行为进行法定的制约和禁止，如《国土资源部办公厅关于严格管理防止违法违规征地的紧急通知》(国土资电发〔2013〕28号)；其次，地方政府通过制定相关政策法规，依据政策的条文规定管制相关职能部门在征地过程中的具体行政行为，防止发生政策主体不愿见的行为，如《武汉市违反土地管理规定行政首长问责暂行办法》(政府令第196号)，通过他管和自管的方式进行征地行为规制。

(2) 政策体系的引导功能

防范MITLE本身具有复杂、多面的行为特征，为了能够按照群体冲突防范的总目标、分目标和子目标有序推进，将复杂的防范活动引导到统一明确的目标上来，地方政府通过具有明确导向型的政策法规形式对相关利益主体行为的演化方向和演化过程进行引导，这种引导和规范包括被引和自引。一方面，紧密跟随中央政府相关的政策导向，将自身的群体冲突防范体系纳入整个中央政策体系之中，保证方向性和原则性，如《关于依法做好征地补偿安置争议行政复议工作的通知》(国法〔2011〕35号)；另一方面，地方政府依据自身的防范理念，出台相应的规章文件来引导相关职能部门的征地行为，如《关于做好被征地农民社会保障和就业培训工作的意见》(武政办〔2009〕139号)。

(3) 政策体系的分配功能

地方政府针对征地出台的具体政策，主要回答并解决“究竟把利益分配给谁”这一核心问题，也就是地方政府运用政策分配功能合理科学地对被征地农户、开发商、地方政府之间的土地利益进行再分配，尤其是被征地农户的征地补偿安置问题。征地补偿安置是征地过程中最核心的问题，也是最容易诱发MITLE的问题。如果不能实现土地价值的合理分配，地方政府将成为MITLE诱发的重要推手。在分配功能的具体实现形式上，主要体现在地方政府对征地补偿标准、安置方案的制定。如《湖北省人民政府关于公布湖北省征地统一年产值标准和区片综合地价的通知》(鄂政发〔2014〕12 号)、《关于对参加城乡居民社会养老保险的被征地农民增加补助养老金意见的通知》(武政办〔2012〕147 号)。

(4) 政策体系的调控功能

地方政府运用政策规章的制定和实施，对征地中出现的各种利益矛盾进行调节和控制，以期防止群体性冲突事件发生，充分体现了调控思路。调控功能主要应用在征地生产过程中，通过及时发现征地过程中极易诱发群体冲突的风险因素，迅速通过政策规章或临时措施法的形式调整、规范、指导、协调征地方向和具体行为，通过政策行政方式快速对征地运行状态和利益关系进行干预和调整，把征地生产活动纳入安全发展轨道，及时纠正征地偏离防范 MITLE 目标的倾向，以保障征地活动的持续、协调、健康发展。如《关于切实做好征地拆迁管理工作的紧急通知》(国土资电发〔2011〕72 号)、《关于切实做好农村土地征用中引发的群众上访工作的通知》(武政办〔2004〕129 号)，及时对征地中的风险行为进行紧急调控。

三、政策防范内容

征地冲突群体性事件防范的综合特性决定了防范 MITLE 相关政策的多样性、结构性、互补性，MITLE 防范政策元素之间以及不同元素之间的相互联系、彼此调适，客观上形成政策体系的差异化防范模式，各种政策体系模式之间交互协调、各自发挥优势，构成综合全面的政策体系 MITLE 防范网。

通过对中央及各部委、省市及以下机关出台的相关防范 MITLE

政策文件梳理筛选发现①，尽管有大量的政策、法规、通知、意见等文件来指导规范地方政府防范 MITLE 行为，但政策体系总体可划分为维护社会稳定、征地补偿安置、行政行为管制、征地监督救济。各政策体系之间紧密联系，针对不同的 MITLE 风险源，形成各自的防范政策体系，共同组成地方政府防范 MITLE 的政策体系路径网（见图 4-5）。

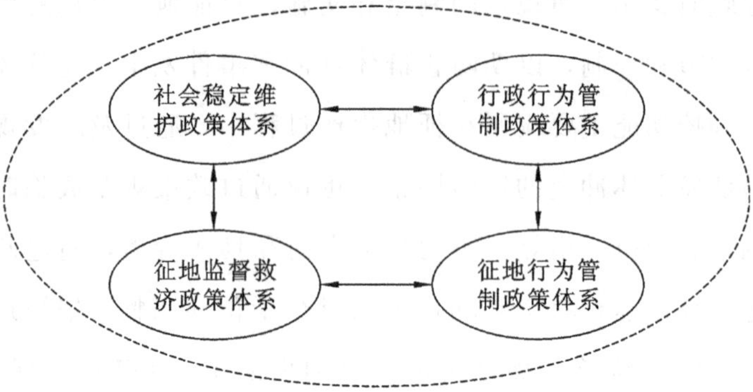

图 4-5　地方政府防范 MITLE 政策体系路径网

（一）维护社会稳定政策

维护社会稳定是地方政府的职责所在，征地冲突群体性事件是社会稳定的风险隐患，而政策法规具有从源头降低风险，发挥 MITLE 的事前预防和应对功效。从维护社会稳定政策层级来看，包括总政策、基本政策、具体政策三个层次。其中总政策是指导防范 MITLE 全局的总原则，其构成要素主要包括总目标、总任务和总路线，内容具有高度的概括性、综合性、长期性和全局性，是一种战略政策。如《武汉市突发事件总体应急预案》，从战略层面制定防范 MITLE 的指导方

① 梳理文件时段为 2000—2024 年之间，省市文件以湖北省武汉市政府为例，具体文件（部分）见附录。

针、工作原则、预案体系、组织体系、运行机制等；基本政策是政策主体用以指导防范 MITLE 工作的指导原则、基本方针，体现为总政策在 MITLE 方面的具体化，如《武汉市国土资源和规划局处置突发事件应急预案》《东西湖区国土资源和规划局信访维稳及重大社会安全事件应急处置预案》等；具体政策是不同层次的防范 MITLE 政策主体针对某一具体防范问题而制定的具体措施、准则、界限性规定，是基本政策的具体化和分解，有具体性、可操作性等特点，如《武汉市国土资源和规划局信访件办理流程》，通过信访工作降低 MITLE 发生风险。

同时，维护社会稳定政策的主要内容包括：第一，MITLE 监测与预警。有关部门依据职责分工，建立 MITLE 信息监测系统，对可能发生的 MITLE 进行监测，并及时分析 MITLE 发生的可能性、级别、趋势和危害程度，提出监测报告和应对建议。如东西湖区国土资源和规划局将 MITLE 分为三级预警：①三级：上访或事件规模较大，属理性上访的行为，情绪可控；②二级：上访规模或事件较大，情绪激动，有缠访、闹访苗头；③一级：上访规模较大，情绪激动，并有扯横幅（标语），堵门、堵路，冲击机关打砸等过激行为。第二，MITLE 应急与处置。MITLE 即将发生或发生的可能性增大时，立即组织突发事件信息的分析评估，预测突发事件发生可能性的大小、影响范围和强度以及可能发生的突发事件的级别，依据评估结果启动相应的应急预案。

（二）行政行为管制政策

地方政府既是 MITLE 的诱发主体，又是 MITLE 的防范主体。因此，运用政策法规的法定形式对地方政府在征地中的具体行政行为进行管理和控制，法定划定征地过程中地方政府的征地行政行为边界，预防地方政府因自身的越界行为引发征地冲突群体性事件。

对于地方政府征地行为的管制内容，已有政策法规主要集中在针对征地程序违法、强制征地拆迁、征地贪污腐败、征地违规用警四个方面。①征地程序违法管制包括制止在办理农用地转用或者土地征收申报、报批等过程中，谎报、瞒报用地位置、地类、面积等弄虚作假；禁止采取召开会议、制发文件等形式作出违反征地管理规定的决定；禁止非法批准征收土地、承诺或者同意边建边报、先建后报、少报多建，以及以“以租代征”等方式征地[①②③]。②强制征地拆迁管制包括禁止采取中断供水、供热、供电和道路通行等非法方式迫使搬迁行为，采取暴力、威胁手段或突击、“株连”等方式强制征地拆迁行为[④⑤]。③征地贪污腐败管制包括严厉打击征地拆迁中的官商勾结、权钱交易，不得擅自挪用、截留征地补偿款，打击采取虚报、瞒报方式贪污集体补偿款行为等[⑥⑦⑧]。④征地违规用警包括严禁公安民警参与征地拆迁等非警务活动，不得随意动用警力参与强制拆迁[⑨]。

对于地方政府征地行为的管制方式，已有的政策法规主要在政纪威慑、主体负责、首长问责、法办威慑等方面予以规定(见图 4-6)。如《武汉市违反土地管理规定行政首长问责暂行办法》(武汉市政府令第 196 号)规定：“区人民政府的行政首长是本行政区域执行土地管理规

① 《武汉市违反土地管理规定行政首长问责暂行办法》(武汉市政府令第 196 号)，2009.

② 《关于加强土地管理依法查处违法用地的通知》(武政〔2005〕41 号).

③ 《关于公布武汉市征收集体建设用地和未利用地补偿标准的通知》(武政规〔2024〕7 号)，2024.

④ 《关于加强监督检查进一步规范征地拆迁行为的通知》(中纪办发〔2011〕8 号).

⑤ 《关于印发湖北省自然资源行政处罚自由裁量基准(土地类)(试行)的通知》(鄂自然资规〔2023〕1 号)，2023.

⑥ 《关于 2012 年纠风工作的实施意见》(国办发〔2012〕25 号).

⑦ 《纠正征地拆迁领域损害群众利益的不正之风专项工作方案》(鄂土资函〔2014〕966 号).

⑧ 《农业农村部办公厅关于加强农业综合行政执法队伍作风建设的通知》(农办发〔2023〕11 号)，2023.

⑨ 《2011 年公安机关党风廉政建设和反腐败工作意见》，2011.

定的第一责任人，如在本辖区内发生征地违法违规行为，依法对行政首长问责，行为涉嫌违纪的，由市监察机关依照有关政纪的规定处理；涉嫌犯罪的，由司法机关依法处理。”《武汉市行政过错责任追究办法》(政府令第 257 号)规定，行政机关在征地过程中发生违法违规行为将进行行政问责。

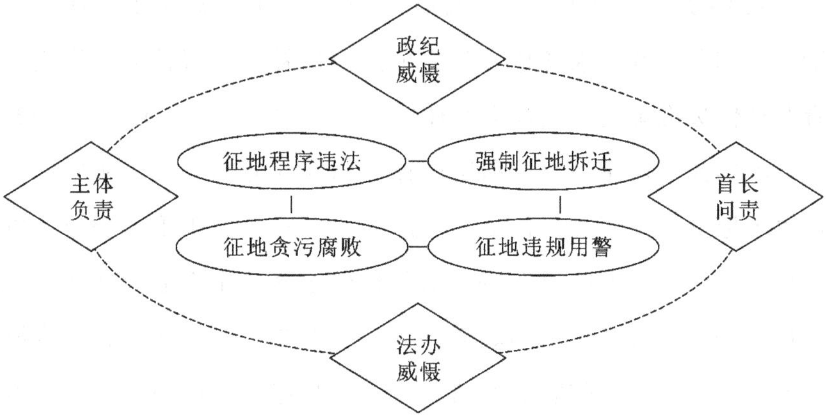

图 4-6　地方政府征地行政行为政策体系管制路径

(三) 征地补偿安置政策

征地补偿安置体系主要发挥政策体系的分配功能，通过政策法规的形式规定征地过程中土地增值收益的分配比例和方式，一方面使地方政府获得明晰的补偿安置标准执法依据，大大压缩了地方政府在征地补偿方面的寻租空间，降低了地方政府征地补偿安置的执法风险和腐败风险；另一方面，通过法定政策的形式公开征地安置补偿标准，能够促使征地核心环节最大程度公开公正透明，一定程度打消被征地农户对征地补偿暗箱操作的猜疑，降低被征地农户因征地补偿不公而引发的冲突风险。当前对征地补偿安置的政策主要集中在征地补偿标准政策、社会保障政策、多样化安置政策等方面。

对于征地补偿标准政策，国土资源部第135号文〔2008〕要求“省、自治区、直辖市人民政府要制订并公布各市县征地的统一年产值标准或区片综合地价”[①]，自然资源部发布的第53号文〔2019〕进一步规定“划定区片原则上不打破村级行政界线，可以将同一乡镇的多个行政村归并为一个区片，也可以将不同乡镇的多个行政村归并为一个区片”[②]。按照要求，湖北省人民政府12号文〔2014〕规定了集体土地补偿费组成部分，并要求各地方政府依据征地补偿安置倍数、修正系数及青苗补偿标准确定不同地类的补偿费用[③④⑤⑥]，并发布《关于公布武汉市征收集体建设用地和未利用地补偿标准的通知》《关于实施武汉市被征收土地上的附着物和青苗补偿标准的通知》《关于重新公布全省征地区片综合地价标准的通知》及《湖北省征地统一年产值标准和区片综合地价》等文件，制定了武汉市政府六个区二十二个单元的征地统一年产值标准。武汉市政府依据湖北省政府制定的征地补偿标准开展征地工作。

对于社会保障政策，国办发〔2006〕29号[⑦]和国发〔2006〕31号文[⑧]要求做好被征地农民的社会保障的就业培训工作，湖北省人民政府发

---

① 《关于切实做好征地统一年产值标准和区片综合地价公布实施工作的通知》(国土资发〔2008〕135号).

② 《关于加快制定征收农用地区片综合地价工作的通知.》(自然资办发〔2019〕53号).

③ 《关于公布湖北省征地统一年产值标准和区片综合地价的通知》(鄂政发〔2014〕12号).

④ 《关于实施武汉市被征收土地上的附着物和青苗补偿标准的通知》(武政规〔2022〕3号).

⑤ 《关于公布武汉市征收集体建设用地和未利用地补偿标准的通知》(武政规〔2024〕7号).

⑥ 《关于重新公布全省征地区片综合地价标准的通知》(鄂政发〔2023〕16号),2023.

⑦ 《关于做好被征地农民就业培训和社会保障工作指导意见的通知》(国办发〔2006〕29号).

⑧ 《关于切实做好被征地农民社会保障工作有关问题的通知》(国发〔2006〕31号).

布39号〔2009〕文[①]要求贯彻落实。据此，武汉市政府发布139号〔2009〕[②]、90号〔2010〕文[③]要求大力促进被征地农民就业、强化被征地农民职业技能培训。为了进一步确保被征地农民基本生活有改善、长远生计有保障，健全被征地农民的生活保障机制，武汉市政府制定了《被征地农民参加基本养老保险实施办法》(武政规〔2015〕13号)，从政策体系层面规范社会保障具体做法，提供了被征地农民参加养老保险的方法指引，为失地农民的长远生活提供政策保障，维护其合法权益，降低征地纠纷风险，防范征地群体冲突的发生，保持社会稳定。

(四) 征地监督救济政策

征地监督救济主要包括对地方政府主导下的征地生产过程进行指导监督，对征地流程中容易诱发冲突风险的主要环节严格把控，同时对征地过程中的纠纷事宜裁决救济。征地监督救济是防范MITLE的两个重要内容，围绕这两个方面的政策文件诸多，形成严密的政策法规体系，以政策文件的形式对征地流程进行严格规范，对一些特殊环节更是出台多项法规文件予以约束，总体来说，主要包括征地信息公开政策、征地行政复议政策、征地听证信访政策等内容。

征地信息公开是保障被征地农民享有知情权、参与权、表达权、监督权的重要渠道，有利于增强政府在征地工作中的公信力和执行力，降低征地纠纷风险。自然资源部最早发文要求地方政府在网站上设立政务信息公开专栏，建立征地动态信息发布系统[④]，据此地方政府逐步公开征地信息。之后在实践中，各地方政府对认定被征地农民

---

① 《关于做好被征地农民就业培训和社会保障工作的意见》(鄂政办发〔2009〕39号).

② 《关于做好被征地农民社会保障和就业培训工作的意见》(武政办〔2009〕139号).

③ 《关于进一步做好我市被征地农民基本生活保障工作的意见》(武政办〔2010〕90号).

④ 《关于切实加强国土资源政务信息网上公开促进依法行政和行政为民的通知》(国土资发〔2004〕107号).

知道征收土地决定问题把握标准不一致，国务院办公厅、国务院司法部等部门又密集发文[①②③④]，地方政府也相继出台一系列的指导文件[⑤⑥⑦⑧]，规范地方政府征地信息公开具体工作，形成严密的征地信息公开政策规范体系。

征地行政复议和征地听证信访也是地方政府防范 MITLE 的重要措施，中央各部委和地方政府制定出台了一系列文件规章，包括《国土资源行政复议规定》(国土资源部令第 8 号)、《国土资源听证规定》(国土资源部令第 22 号)、《国土资源信访规定》(国土资源部令第 32 号)、《关于依法做好征地补偿安置争议行政复议工作的通知》(国法〔2011〕35 号)、《武汉市实施行政许可听证程序规定》(政府令第 157 号)等系列文件。这一系列政策法规文件相互补充、紧密连接，形成结构性的政策网络体系。地方政府作为征地的一线指挥者，通过对政策的准确把握与执行，借助政策体系防火墙，运用合法合规的方式开展征地工作，有效预防了征地纠纷和一般冲突，防止了 MITLE 的突变。

第二节　防范 MITLE 组织管控路径

地方政府的整个 MITLE 防范链条呈现时间跨度长、涉及部门多、

---

① 《关于认定“被征地农民知道”征收土地决定有关问题的意见》(国法〔2014〕40 号).

② 《关于印发 2015 年政府信息公开工作要点的通知》(国办发〔2015〕22 号).

③ 《转发司法部关于审理政府信息公开行政复议案件若干问题指导意见的通知》(国办函〔2021〕132 号).

④ 《关于印发〈中华人民共和国政府信息公开工作年度报告格式〉的通知》(国办公开办函〔2021〕30 号).

⑤ 《关于做好征地信息公开工作的通知》(鄂土资办〔2015〕10 号).

⑥ 《武汉市政府信息公开暂行规定》(政府令第 156 号).

⑦ 《关于规范政府信息依申请公开办理程序的通知》(鄂政管办发〔2019〕4 号).

⑧ 《关于实施武汉市被征收土地上的附着物和青苗补偿标准的通知》(武政规〔2022〕3 号).

牵涉人员杂、利益关系复杂等特征，如何确保征地过程中防范MITLE是一个较为复杂的组织管理命题。低效的组织管理容易造成组织机构涣散，管理混乱，难以平衡各方主体利益，拉长征地周期，轻则引发诸多矛盾纠纷，重则诱发群体冲突。组织管控是地方政府采用组织控制的手段和措施降低MITLE风险。如设立常设性防范组织机构和临时性防范组织机构，包括综治办、维稳办、应急办、国土局、信访局、公安局等，同时针对某个具体征地项目或在一定特殊时期，地方政府为有针对性地集中做好防范MITLE工作，组织相关部门及领导成立相应领导小组。从路径属性的路径长度来看，组织管控路径的防范节点主要包括地方政府依据外部环境设立相应的防范MITLE组织机构，协调相关的组织部门，规定组织结构中的各种职务和职位，明确各自的责任，调配相关的人财物等。从路径宽度来看，组织管控路径主要从防范组织机构设立、防范组织结构优化、防范组织主体协同等方面拓宽路径的相对宽度。从路径厚度来看，地方政府及各防范部门的行政职能越完善，防范行政职权越明晰，组织管控路径的稳定性、抗压性就越强。

同时，该路径的主要特质表现在：第一，具有强大的行政资源调配能力。与其他防范主体不同，地方政府具有中央政府授予的地方管辖权，具有决策、协调、控制、监督等行政运行职能，可充分发挥行政职权统筹整个地区的人力、物力、财力集中做好防范MITLE工作；第二，能够通过组织设立、职权划分构建立体式矩阵型的防范MITLE组织网络，充分发挥组织内部协同作用，形成防范MITLE组织结构在时间、空间和功能上的有序。该路径的缺陷主要体现在：第一，权力的过于集中容易引发滥用职权、违法违纪、征地腐败问题，进一步成为MITLE的内部诱因；第二，职权分配不当或部门协同混乱容易造成防范组织内部相互掣肘、离散、冲突或摩擦，容易促使整个组织结构内耗增加，系统内各部门难以发挥其应有的功能，致使整个系统陷于一种混乱无序的状态。

地方政府通过组织管控的方式防范 MITLE 充分体现了风险管理中的内部控制思想①，尤其体现了政府部门内部控制②③（刘光忠，2011）。地方政府在征地过程中面临诸多组织管理风险问题，主要包括征地机构不完善、责任主体划分不明确、征地业务流程设计不合理、部门协同度差、管理链条断裂等，这些都是诱发 MITLE 的风险源。内部控制本质是风险控制活动，是风险管理理论的重要组成部分，科学完善的地方政府征地内部控制标准体系能够有效监督征地组织管理的运行情况，是防范 MITLE 的重要路径。

借鉴已有的内部控制和风险管理理论框架④⑤，以及企业及政府的内部控制的已有成果⑥⑦⑧⑨，并对收集的大量地方政府防范 MITLE 案例进行整理分析，设计出适合防范 MITLE 组织管理的内部控制标准体系，主要内容包括内部控制目标、内部控制原则、内部控制过程。

一、内控目标

科学的内部控制是确保地方政府征地安全运行的微观基础和根本

---

① 内部控制理论的基础内容详见第 2 章.

② 刘光忠. 政府部门内容控制构建与实施研究[D]. 成都：西南财经大学，2011.

③ 杨真真，唐大鹏. “十四五”时期政府部门内部控制建设研究[J]. 财政科学，2021(10)：49-56.

④ 杨雄胜. 内部控制发展问题研究[D]. 大连：东北财经大学，2004.

⑤ 张晓荣. 我国行政事业单位内部控制现状及其建设框架研究[J]. 市场瞭望，2024(8)：126-128.

⑥ 焦蕊. 我国内部控制理论研究成果的回顾与展望[J]. 中国管理信息化，2020，23(5)：40-42.

⑦ 宁宏茹. 我国高校内部控制系统设计[D]. 西安：陕西科技大学，2006.

⑧ 王农跃. 企业全面风险管理体系构建研究[D]. 天津：河北工业大学，2008.

⑨ 南京大学会计与财务研究院课题组. 论中国企业内部控制评价制度的现实模式：基于 112 个企业案例的研究[J]. 会计研究，2010(6)：51-61.

所在，内部控制目标是地方政府防范冲突概念框架体系的重要组成元素或理论单元，对于防范 MITLE 组织管理内部控制理论和实践具有方向性作用，理论上决定了内控的功能定位、内控的边界要素，实践上决定了内控的行动方向、减少了内控的运行成本。不同的控制目标体系决定了内部控制的结构和方式具有一定差异。依据研究目标，设定地方政府的征地过程稳健运行，防范 MITLE 发生为总目标。

对于内控具体目标的设定，在总目标框架下，依据 MITLE 的风险源，通过对案例的整理归类，提取具体的分目标。具体目标是对总体目标的具体化、形象化、可操作化，是针对征地过程中不同环节的风险预判而设定的。具体目标包括：

(1) 防范 MITLE 工作依照法定程序进行，做到标准公开、程序公开、结果公开，要按法定程序和权限组织实施；

(2) 项目涉及单位要做到明确职责、各司其职、各负其责，对于推诿扯皮、不负责任，严重影响工作的，按规定问责；

(3) 加强领导，明确责任，及时协调解决征地拆迁工作中出现的各种矛盾和问题，对群众提出的问题要认真研究，慎重处理，妥善解决；

(4) 加大监督力度，实行全程监督，尤其对资金使用的监督，防止征地过程中贪腐违法乱纪的现象产生；

(5) 对恶意阻挠、煽动干扰土地房屋征收工作的依法严肃处理；对触犯刑法构成犯罪的依法追究刑事责任；

(6) 严肃纪律要求，对群众信访反映的违法行为，要依法严肃查处，并对直接责任人、主管负责人等依纪依法严肃处理。

二、内控原则

地方政府防范 MITLE 内部控制的原则主要包括：

（1）合法性原则

地方政府必须在依法依规的基础上构建征地冲突群体性事件防范的内部控制框架，同时在合法的内控框架下，必须采用合法的手段和措施防范 MITLE，不能依托内控框架从事非法活动或采用非法路径防范 MITLE，而且包括地方政府制定并发布的相关规定和指令也必须符合国家和监管部门的规章。

（2）全面性原则

全面性是指地方政府必须对整个征地冲突群体性事件防范内部控制活动全面把控，精准梳理组织管理中的各个环节，尤其对关键环节的把控。同时，内部控制体系中的工作人员也要严格遵守内控制度和规章，未经批准不得擅自更改业务流程，超越其所对应的内控权力。

（3）协调与效率原则

各部门之间权责划分要明确、清晰，便于操作，保证部门间信息沟通方便快捷，正确无误，且部门间或部门内部要建立必要的监督机制。建立内部控制框架必须注重效率问题，遵循效益大于成本的原则，既不能因内部控制的缺陷使地方政府产生负面影响，也不能为了追求完善而无节制地产生支出。

（4）牵制性原则

在各部门和各岗位之间建立相验证、互相制约的关系，具体是指将有关责任进行分配，使单独的一个人或一个部门对征地活动无完全的处理权，必须经过其他部门或人员的查证核对。同时，要明确各单位和部门的职能与性质，以免发生越权或在出现错误或舞弊时相互推诿扯皮。

三、内控过程

内控过程的考量是在内控目标和内控原则的基础上，从组织结构控制、组织主体控制、组织部门控制等不同方面的内控应对和控制达到防范 MITLE 风险的目的。

（一）组织结构控制

组织结构(organizational structure)是 MITLE 防范流程运转、部门设置及职能规划等最基本的结构依据，是表明 MITLE 防范组织各部分排列顺序、空间位置、聚散状态、联系方式以及各要素之间相互关系的一种模式，是整个防范组织管控的“框架”，是组织的全体成员为实现组织目标，在管理工作中进行分工协作，在职务范围、责任、权利方面所形成职、责、权的动态结构体系，本质是为实现组织内部控制目标而采取的一种分工协作体系。

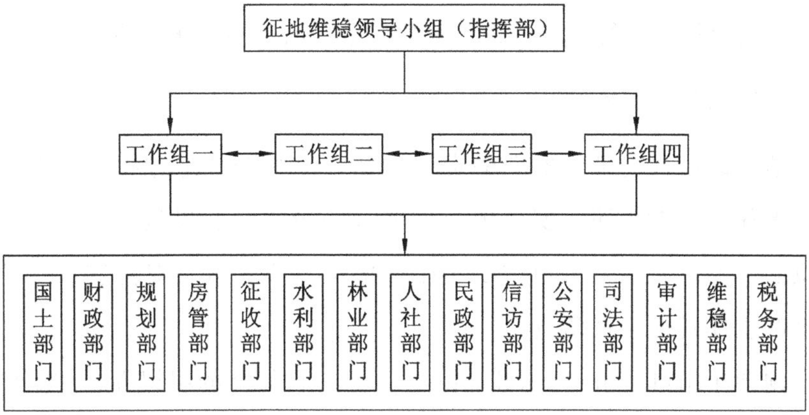

图 4-7　地方政府防范 MITLE 组织结构

通过对案例中的防范 MITLE 组织结构体系的概括发现，当前地方政府防范 MITLE 组织结构多为三级管理模式[①](见图 4-7)，第一层为决策层，管理主体主要包括征地社会稳定领导小组等，管理责任为负责整个征地项目重大事项的组织、决策、指挥、规划，协调项目和

① 也有部分地方政府采用的是二级管理模式。

谐运行以防止发生群体性冲突；第二层为工作层，在决策层的领导下上传下达，具体负责征地冲突防范政策宣传和组织实施工作，解决某一片区涉及的具体征地纠纷问题；第三层为业务层，管理主体包括国土、规划、公安等业务部门，管理责任为依据各职能部门在征地过程中涉及的相关业务，处理具体的征地业务以防止发生业务矛盾纠纷。

地方政府 MITLE 三级防范模式分别为防范 MITLE 奠定了三道屏障：第一层，业务部门针对征地过程中各自所对口的具体业务依法依规处理，避免因具体业务问题而引发 MITLE；第二层，在业务部门办理业务过程中，由职能交叉或缺位、权责分配错位等引发的征地纠纷问题，由第二层级的工作组负责出面协调解决；第三层，当第一层和第二层的风险防范失效后，征地纠纷或冲突会趋向群体冲突演化，需要由更高层级的决策层统筹协调各方资源与力量全面控制并化解冲突风险。

（二）组织主体控制

地方政府作为征地安全的责任主体，对整个征地过程的安全承担主体责任，并对未履行安全生产主体责任导致的后果负责。生产经营单位的主要负责人是本单位安全生产的第一责任人，对落实本单位安全生产主体责任全面负责。

领导小组(leading small group)，是一种特殊的组织方式和工作机制，是广泛存在于中国政治组织体系中以议事协调机构和临时机构名义长期存在的一种特殊组织模式。具体释义为，在党政系统中，出于重视和力图解决某个问题的需要，由权力较高的人物和部门牵头，组成领导小组，联合多个部门，集中政治资源，协调和领导跨部门、跨系统或跨区域的政治活动[①][②]。对案例整理分析发现，85.11％的地方

① 樊晓晨，聂月岩. 国家治理现代化背景下“领导小组”问题探析[J]. 中共天津市委党校学报，2015(5)：35-39.

② 金太军，孙梓展. 重大突发事件中领导小组与政府部门的协同运作：基于“输入-输出”机制的分析[J]. 江汉论坛，2023(10)：40-45.

政府为保障征地安全设立了征地拆迁(维稳)领导小组(见图4-8);42.68%的征地拆迁领导小组负责人由地方政府正职担任，如市长、县长、镇长；23.81%的征地拆迁领导小组负责人由地方政府副职担任，如副市长(常委)、副县长(常委)；14.29%的征地拆迁领导小组负责人由市委、县委、人大正职担任，如县委书记、县人大常委会主任。

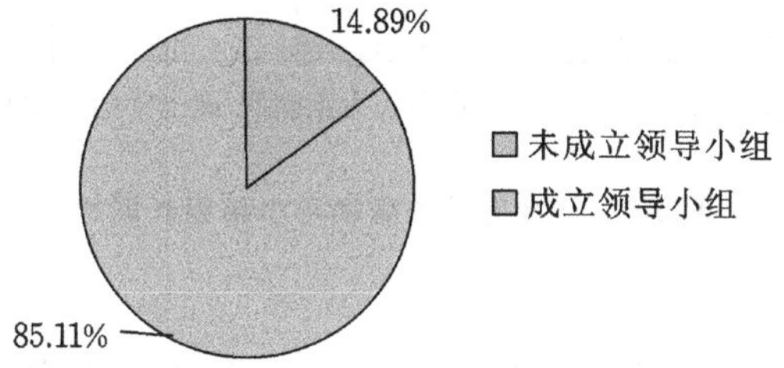

图4-8　征地项目中征地维稳领导小组成立比例

征地维稳领导小组作为征地维稳工作的最高决策、议事、协调机构，防范MITLE是其主要职责。领导小组依托地方政府领导人正职和副职的高配(见图4-9)，能够充分协调涉及征地的相关机构和主要责任部门，构建立体式的信息沟通渠道为主要框架的矩阵型征地信息传输网络，从而避免因信息传输滞后或堵塞而引致的群体冲突隐患。同时，领导小组这一独特的组织结构和运行模式能够有效、充分、及时调动地方的行政资源和各方力量，当发生征地纠纷或征地一般冲突时，领导小组能够充分发挥矩阵式组织、无缝隙政府、跨功能团队的强大优势，各级部门能够通过这一平台迅速沟通，凭借组长的高配优势推动征地纠纷和冲突的高效解决，从而避免演化为群体性冲突事件。

(三)组织协同控制

协同理论主要研究远离平衡态的开放系统在与外界有物质或能量交换的情况下，如何通过自己内部协同作用，自发地出现时间、空间和功能上的有序结构。防范MITLE工作涉及维稳、综治、国土、规

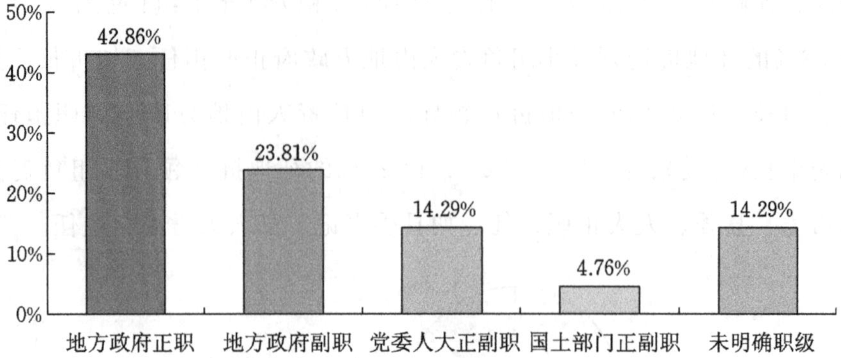

图 4-9　征地拆迁维稳领导小组组长职级

划、财政、公安等部门，各部门在防范过程中的具体职责各有差异，部门之间的业务关系既相互独立，又相互联系。如果各防范部门之间内部协同相互掣肘、离散、冲突或摩擦，容易促使整个组织结构内耗增加，系统内各子系统或各部门难以发挥其应有的功能，致使整个系统陷于一种混乱无序的状态，反而越容易引发 MITLE。相反，防范 MITLE 各部门能否发挥协同效应是由系统内部各部门之间的协同作用决定的，协同得好，系统的整体性功能就好，防范工作效率就越高，发生纠纷和冲突的概率就越小。

图 4-10 显示征地部门之间的两种协同模式：①弱协同模式。这种模式既缺乏不同部门之间的横向协调，又缺乏不同层级政府间的纵向协调，MITLE 防范部门处在静态的矩阵结构中，各自所开展的防范工作呈点状分布，没有形成有效的多部门协作网络，对 MITLE 的防范能力和范围极为有限，甚至会因部门之间的协同失败而引发 MITLE。②强协同模式。在承认并且尊重部门边界的前提下建立一种组织管理的联动机制，即在防范 MITLE 管理过程中，有效地组织政府之间、政府内部各部门之间的沟通与互补，通过良好且有效的沟通与信息交流，协调完成一系列共同活动时的相互配合，有效预防并化

解征地纠纷、处置征地一般冲突。

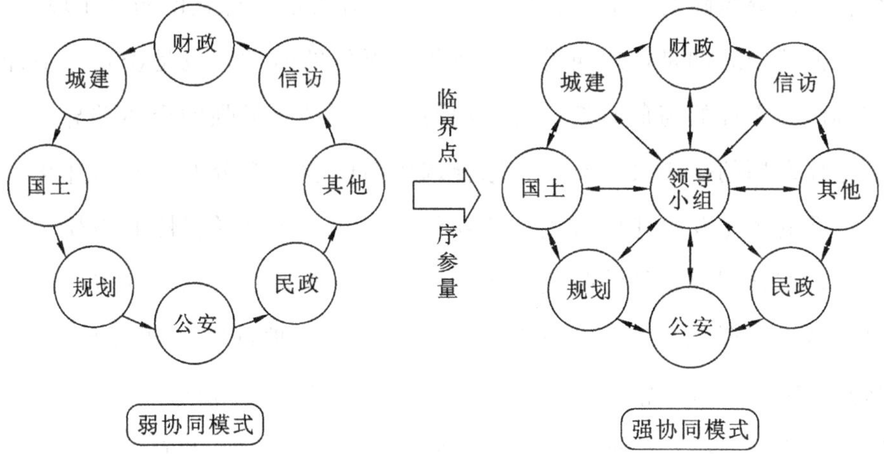

图 4-10　MITLE 防范部门之间的协同模式

序参量是协同论的核心概念，是指在系统演化过程中从无到有的变化，影响着系统各要素由一种相变状态转化为另一种相变状态的集体协同行为，并能指示出新结构形成的参量。在征地部门由弱协同向强协同转化过程中，领导小组充当序参量的角色，主导了模式演化进程，使得系统在临界点发现相变，从而主导了系统产生新的防范 MITLE 组织部门协同时间、空间或功能结构。

第三节　防范 MITLE 综合调控路径

综合调控路径是除政策把控、组织管控以外的防范措施综合，主要特质有：第一，具有较强的灵活性。防范 MITLE 工作极其复杂，且冲突态势瞬息万变，政策把控和组织管控灵活性较差，综合调控可以依据不同的冲突风险采取不同的应对措施，或者是不同调控措施的任意组合。第二，调控措施具有多样化特征。面对社会的不断发展，

MITLE 诱发风险也不断发生新的变化，综合调控措施能够依据不断变化的冲突风险与态势，及时更新、丰富并发展多样化的防范手段。

征地中后期是征地纠纷和矛盾集中爆发的时期，也是诱发征地冲突群体性事件的高危时期，且各纠纷和矛盾具有极强的个体差异，政策把控发挥的作用极其有限，综合调控措施能够充分发挥其多样化和灵活性的优势及时化解各类矛盾纠纷。因此，从路径属性的路径长度来看，综合调控路径的防范作用主要发挥在征地中后期，其防范所经过的节点主要在于对征地矛盾、征地纠纷、征地冲突的调解与处理；从路径宽度来看，常规性的综合调控措施合集主要由行政复议、征地听证、协调裁决、征地信访、人民调解、公安干预等组成，以及各调控措施的组合协同度，同时地方政府征地矛盾调解和冲突处置能力的大小也对路径宽度极为重要；从路径厚度来看，综合调控的行政依据越充足、调控的行政环境越公平合理，综合调控的稳定性、抗压性就越强。

一、MITLE 调控过程

依据突变理论，征地冲突的群体性突变可分为自发突变和诱发突变两种类型。自发突变是征地系统自身发生变化突破突变临界值而引发的群体突变，如在征地过程中存在诸多程序违规、补偿分配严重不公、征地管理极度混乱、大量贪腐现象等 MITLE 风险隐患，征地系统在演化过程中结构无序度或混乱度不断积聚，征地平衡状态由征地系统内部打破，从而引发 MITLE。诱发突变是在征地生产管理过程中，虽然存在诸多冲突风险隐患，但系统结构趋于稳定，整体结构态势尚未达到突变临界值，由于受到外界特设诱变因素的诱发，从而加快了结构由稳定态势向不稳定态势转化的进程，迅速达到并突破突变临界值，诱发群体冲突突变，如黑社会势力介入并进行暴力强拆，公安机关违规使用暴力，工作人员冲突现场处置不当，少数人的煽动和蛊惑等外界因素。

MITLE 发生是征地过程中冲突能量积聚到一定程度而发生的结构突变，因此，防范 MITLE 就是在冲突能量集聚过程中且尚未达到突变临界值之前，地方政府运用各种手段引导能量集聚方向、减缓突变时间、释放突变能量、阻断突变进程，从而达到控制或部分控制能量集聚过程的目的，以保持征地过程安全的稳定结构，保证征地冲突不发生根本性的群体突变。综合调控作为地方防范 MITLE 的重要路径充分体现了突变理论基本思想，其调控过程遵循并践行了突变防控的减缓、阻断、释放、引导原理。

第一，减缓原理。征地冲突能量积聚是一个较为缓慢的过程，需要长时间形成和酝酿，在征地群体性冲突能量开始聚集的时候，地方政府通过外界力量强制干预以减缓冲突能量聚集的速度，延迟冲突能量的聚集过程，从而推迟发生冲突突变的时间。

第二，阻断原理。征地冲突由一般冲突向群体冲突突变的原因是内外部因素二者合力共同作用的结果。避免群体突发事件发生的一种有效方法是让内因和外因不能同时发生作用，也就是把引发群体突变的内因和外因有效地隔断。

第三，释放原理。在征地群体冲突能量积聚过程中，通过采取各种手段和策略给能量释放寻找出口，让冲突能量聚集速度减缓，降低冲突能量的集聚总量，从而推迟一般冲突演化为群体性冲突的时间，或避免突变发生。

第四，引导原理。在征地冲突能量集聚到一定程度，演化为群体性冲突突变发生的概率不断增加，处于高危险期时，为了避免最不利的群体突变发生，人为主动引导发生其他方式和性质的突变，使突变在相对有利的方向发生。

二、MITLE 突变调控策略

MITLE 突变调控策略释义为地方政府对征地风险、征地纠纷、征地一般冲突等进行减缓、阻断、引导和释放的具体干预措施，一般包括行政复议、协调裁决、听证制度、信访制度、人民调解和公安暴力等。针对征地不同阶段，各措施之间并不是独立发挥作用，而是相互交叉配合，依据纠纷冲突的不同等级以及诱发纠纷或冲突的原因差异，采用不同的干预策略组合，从而形成 MITLE 突变调控路径网（见图 4-11），有效实现对群体冲突突变的减缓、阻断、引导和释放。

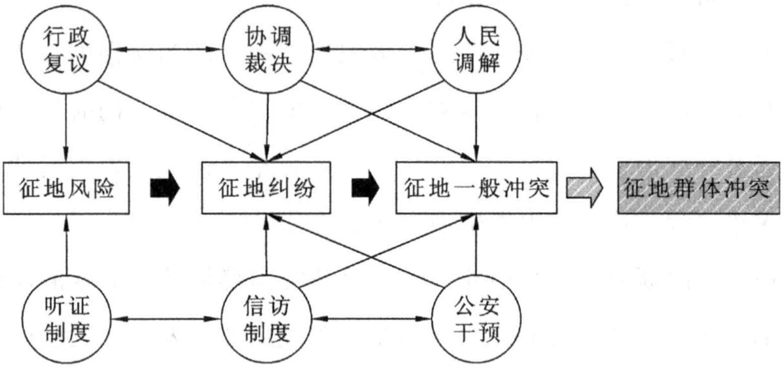

图 4-11　MITLE 突变调控路径网

（一）行政复议与听证制度

土地征收由发布公告、听证、现场调查、征地审批、征地补偿安置方案审批、征地补偿安置、责令交出土地等一系列行为构成，各个行政行为都存在征地风险且诱发征地纠纷的可能性。土地征收行政复议是被征地人对土地征收批复、土地征收补偿标准裁决及土地征收实施过程中征地人的其他具体行政行为不服而提出的行政复议。在诸多行政行为中，征地审批和征地补偿安置方案审批是整个征地行为的核心，最容易诱发征地纠纷及冲突。具体干预路径是[1]，被征地集体经济组织和农民对有关市、县人民政府批准的征地补偿、安置方案不服要求裁决的，应当依照行政复议法律法规的规定向上一级地方人民政府提出申请。

作为被征地集体经济组织和农民重要的法律救济途径，征地行政复议积极引导土地权利人通过行政复议的途径解决征地纠纷，是避免群体事件、维护社会稳定的重要途径，是地方政府通过法律形式干预群体事件发生的重要路径。这充分体现了征地冲突能量在不断聚拢的过程中，地方政府以法定的形式对群体冲突突变能量释放和引导的原理。比较典型的案例是[2]，清华大学法学博士王进文的老家房屋被强拆并发生一般冲突后，该村村民先后向山东省政府行政复议办公室(被驳回)、国务院司法部提起行政复议申请(责令山东省政府依法重新处理)。通过行政复议的形式释放了部门冲突能量，有效避免了征地群体冲突的突变(见图 4-12)。

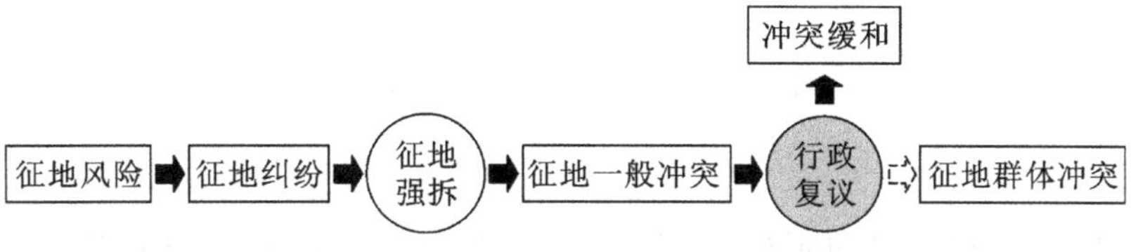

图 4-12 MITLE 行政复议调控策略

为了规范国土资源管理活动，促进依法行政，提高国土资源管理

---

① 依据《中华人民共和国农村土地承包经营纠纷调解仲裁法》第二条第二款、《中华人民共和国行政复议法》第十三条第一款、《中华人民共和国行政复议法实施条例》第十三条、国务院法制办公室关于依法做好征地补偿安置争议行政复议工作的通知(国发〔2011〕35 号)等相关规定。

② 今日早报. 老家遭强拆清华博士写公开信维权省政府征地合法复议决定被国务院撤销[EB/OL]. http://jrzb.zjol.com.cn/html/2012-04/25/content_1476282.htm? div=-1,2012-04-25.

的科学性和民主性，保护公民、法人和其他组织的合法权益，征地听证应运而生。征地单位就土地征用事宜听取被征用土地人员的意见召开会议，在实际征地过程中，听证会的召开主要针对征地补偿问题，而征地补偿是诱发征地冲突群体性事件最主要的焦点和矛盾。因此，在地方政府拟制定征地补偿标准，或被征地农村集体经济组织、农村村民或者其他权利人对征地补偿、安置方案有不同意见明确提出要求举行听证会的，地方政府土地行政主管部门应当研究召开听证会。征地听证是完善征地拆迁程序和补偿机制的重要举措之一，在征地源头用组织程序的形式对征地补偿这一矛盾焦点进行多方参与讨论，有效地降低了后续因征地补偿问题而引发 MITLE 风险，一定程度防范了征地冲突群体性事件发生(见图 4-13)。

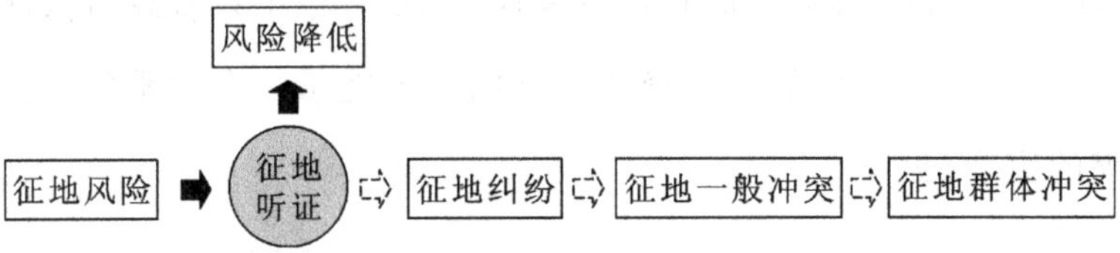

图 4-13　MITLE 征地听证调控策略

比较行政复议和听证制度在防范 MITLE 中的作用过程发现，听证是行政机关作出决定之前听取当事人意见，是失地农民参与征地审查报批、发表自己意见、了解案情的重要途径；而复议则是对具体的征地行政行为不满已经作出的决定，依法向法定的机关申请复议。二者在防范征地群体冲突所适用的环节和范围不同：征地听证事实上不同程度参与了行政机关对土地征用事宜的共同讨论，属于行政复议的前置环节，其适用范围主要针对征地补偿问题。行政复议是在征地行政机关作出决议或决定后的一种事后行政救济途径，其适用范围较广，包括对征地的合法性、适当性进行审查。事前参与和事后救济二者相互补充，均是地方政府防范征地群体冲突的重要综合调控路径，起到了对冲突能量聚集过程中行政力量的干预释放，从而减缓或避免了群体冲突的突变。

（二）协调裁决与信访制度

征地补偿安置争议协调裁决制度，是一项专门针对征地补偿安置争议设立的纠纷解决制度（见图 4-14），是为减少、解决征地纠纷乃至冲突而推行的制度，重点对市、县人民政府确定的征地补偿安置方案和实施过程进行合法性审查，兼顾合理性审查。分为协调和裁决两个部分，协调是裁决的前置，未经协调的不能进入裁决。

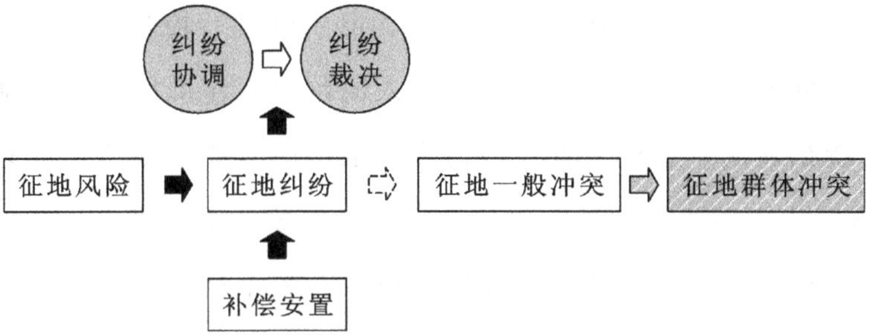

图 4-14　MITLE 协调裁决调控策略

协调裁决适用范围主要针对由征地补偿安置引发的征地纠纷环节，地方政府是协调裁决的行政主体，通过地方政府组织和设定的议程，对特定的征地纠纷进行程序式的干预和解决，通过协调和裁决的行政方式释放已聚集的部分征地冲突能量，降低群体冲突突变的概率，避免发生一般性的征地冲突及冲突恶化。征地协调裁决的优点是，征地纠纷诉调解诉求目标明确单一，有利于解决问题，缺点是征地协调裁决并无固定组织机构，多为临时性调解办公室，执行主体多数为征地补偿标准制定主体，即国土部门，调解效果难以保证。

作为征地纠纷或冲突利益诉求的另一种表达方式，被征地农民或

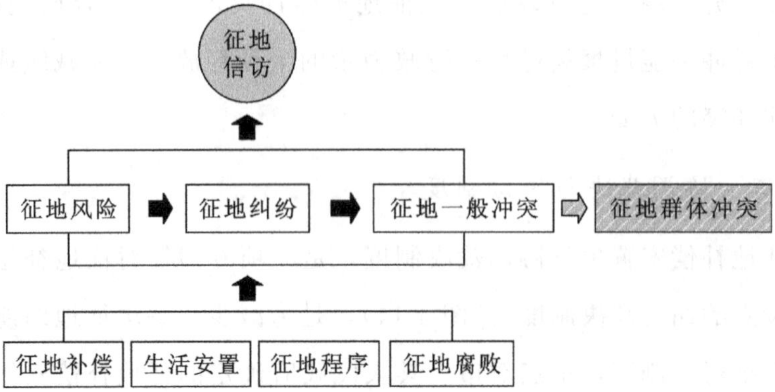

图 4-15　MITLE 征地信访调控策略

者集体经济组织可以信访，采用书信、电子邮件、传真、电话、走访等形式，向各级人民政府、县级以上人民政府工作部门反映征地工作情况，提出建议、意见或者投诉请求，依法由有关行政机关处理。由图 4-15 看出，对于征地冲突群体冲突能量释放的范围来看，征地信访比征地协调裁决所涉及的范围要广，可以在整个征地过程的各个环节反映包括征地补偿标准、生活安置保障、征地贪污腐败等各种问题，但是接访机构收到信访诉求后并没有权力解决实际问题，仅是依据规程进行登记、转送、交办，释放冲突能力十分有限，因此该路径仅能够减缓冲突能量集聚的速度，延迟冲突能量的集聚过程。

（三）人民调解与公安干预

在土地征收过程中，由于法律、政策宣传不力或不完善，执行政策不公，遗留问题复杂等情况，造成征地补偿纠纷、安置纠纷、家庭纠纷(如继承遗赠、产权分割、产权置换等)、干群矛盾等问题，各种纠纷交织在一起逐渐积聚成较大的冲突能量，形成较大的群体突变隐患。征地纠纷人民调解主要通过入户式，面对面地说情、说理、说法，确保因征地拆迁而发生的各类矛盾纠纷和不稳定因素“早发现、早报告、早化解”，最大程度将征地群体冲突隐患化解在基层和萌芽状态，拉起群体冲突突变的第一道干预防线，在冲突突变能量集聚的初始阶段，通过地毯式、扫描式进行冲突能量的引导、释放，以达到干预突变能量初始集聚的目的(见图 4-16)。该种方式具有不伤感情、成本低、效率高的工作特色，通过对纠纷当事人进行说服教育、规劝疏导，促使纠纷各方互谅互让。

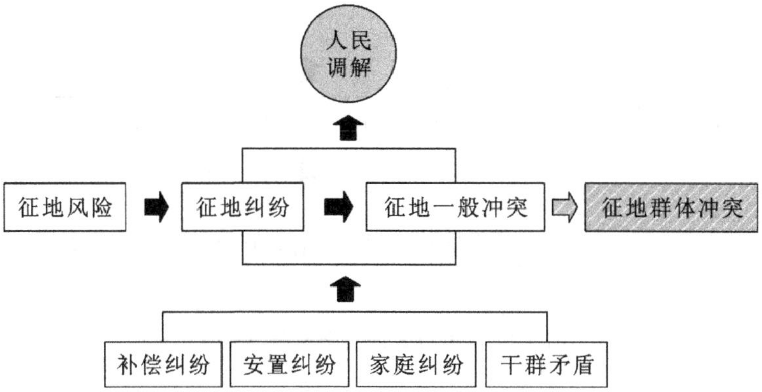

图 4-16　MITLE 人民调解调控策略

人民调解主要应用于一些简单的征地纠纷与矛盾，然而在征地过程中有极少数人为了个人的不法目的阻止征收，非法破坏正常征地工作，诽谤诬告征地工作人员，以自杀或自焚的方式暴力对抗合法征地工作，导致冲突的演变由征地纠纷转化为征地一般冲突，更有向群体冲突突变的演化趋势。针对此类矛盾，公安机关应当采取合法暴力手段，依照相关法律、法规果断采取措施[①]，维护正常的征地秩序，暴力阻断冲突突变的结构变化态势，控制一般冲突局势，防止征地冲突系统离开原来的稳定态，以突变的形式从一般冲突的稳定态转化为群

① 公安部党委《2011 年公安机关党风廉政建设和反腐败工作意见》指出，严禁公安民警参与征地拆迁等非警务活动，对随意动用警力参与强制拆迁造成严重后果的，严肃追究相关人员的责任。

体冲突的稳定态(见图 4-17)。同时，公安机关通过收集和研判征地不稳定的动态信息，及时做好冲突突变前的预警和防控，在征地风险和征地纠纷阶段就化解冲突隐患，防范征地冲突的群体性突变。值得警惕的是，尽管公安机关对于暴力阻断冲突突变效果显著，但也容易因阻断不当诱发冲突变为群体性事件。

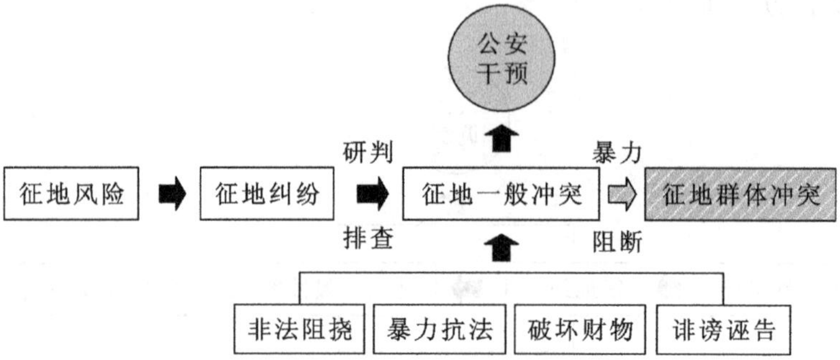

图 4-17　MITLE 公安干预调控策略

第四节　本章小结

本章将地方政府 MITLE 路径划分为组织管控路径、政策把控路径、行政调控路径三种主要类型，运用风险管理理论、内部控制理论、自组织理论、突变理论等分别阐释了各路径的基本形态和防范原理，并通过案例形式描述了各路径的防范方式。

对于组织管控路径，其防范策略主要包括组织结构控制、组织责任控制、组织部门协同控制等；对于政策把控路径，探讨了政策防范的基本框架和政策防范功能，从维护社会稳定政策、行政行为管制政策、征地补偿安置政策、征地监督救济政策分析了政策把控内容；针对综合调控路径，分析了 MITLE 突变的具体过程和调控原理，从行政复议与听证制度、协调裁决与信访制度、人民调解与公安干预等方面描述了具体的调控措施。

同时，三种路径之间相互联系：组织管控路径和综合调控路径需要政策体系予以规范和指导；政策的贯彻实施需要具体的组织管理和综合干预手段；组织管控中包含综合调控，综合调控也需要有效的组织管理才能予以实施。因此，三种路径之间紧密联系、相互补充，各路径类型之间更是相互融合，构成地方政府防范 MITLE 的紧密路径网络。

第五章　地方政府防范 MITLE 路径结构

从地方政府防范征地冲突群体性事件的路径类型来看，地方政府以防范 MITLE 为主线，相关职能部门按照职能划分进行分工合作，相互合作、相互协调、相互制约，同时相关政策类型、具体行政干预措施相互糅合在一起，组成一个非线性关系明显、相互作用复杂的防范路径网链。作为复杂的开放防范系统，该防范路径网链具有典型的耗散结构特征，整个防范过程通过政策流、信息流、能量流等形式与外界发生交换，促使整个防范系统向着协同有序的方向发展。

第一节　防范 MITLE 路径耗散结构

在系统科学中，通常用有序、无序来描述客观事物的状态①，或指具有多个子系统组成的系统的状态②。耗散结构理论指出，一个远离平衡的开放系统，通过不断与外界交换物质、信息和能量，在外界条件达到一定阈值时，就可能从无序状态转变为一种在时空或功能上

---

① 自然界和社会都存在两种有序现象：一种是静态有序，其所形成的结构称为平衡结构；一种是非平衡的有序或动态有序，所形成的结构称为非平衡结构。

② 所谓有序，指事物内部诸要素间有规则的联系或转化；无序，则指内部要素间混乱、无规则的组合，且在运动转化上无规律性。

的有序状态[①]。熵增定律[②]表明，孤立系统总是趋向于熵增，最终达到熵的最大状态，即最混乱无序状态。但对开放系统而言，由于它可以将内部能量交换产生的熵增通过向环境释放热量的方式转移，所以开放系统有可能趋向熵减而达到有序状态。耗散结构属于开放系统，系统有序或者无序的变化是通过体系的状态变量“熵”来表示。依据耗散结构的基本要点，开放的系统必须与外界进行各种类型的能量交换才可能达到有序状态，其中能量交换就是指引入负熵补偿系统内熵的增加，从而逐步由无序转化为有序平衡结构。

一、防范路径耗散结构系统熵模型

（一）防范路径耗散结构形成

对照耗散结构形成的四个必要条件[③]，地方政府防范 MITLE 本身属于一个开放系统，整个防范过程就是远离平衡态的过程，地方政府通过采取各种防范措施和手段促使防范系统内部发生非线性的相互作用，从而形成有序的防范路径，通过连锁放大促使系统涨落有序，达到有序防范 MITLE 的目的。

（1）耗散结构满足的第一条件，要求系统必须是开放系统。开放系统是能够不断与外界进行能量、信息和物质进行交换的系统。只有在开放系统之中，才能不断产生负熵流，实现与正熵流的冲抵，从而实现系统的逐渐有序化。地方政府对征地冲突群体性事件的防范需要

---

① PRIGOGINE I.Introduction to themodynamics of Irreversible processes(3rded)[M].New York:Interscines Pub, 1967.

② 熵的概念最早起源于物理学，用于度量一个热力学系统的无序程度，由德国物理学家克劳修斯(Rudolf Julius Emanuel Clausius)1850 年提出，表示一个物质系统中能量衰竭程度的量度。

③ 满足耗散结构的四个条件：①系统是一个开放系统；②系统是一个远离平衡态的系统；③通过涨落的有序；④系统内部存在着非线性相互作用。

协调大量人力、物力、财力，组织各种临时性协调机构，上传下达政策文件，不断与被征地农村集体经济组织、开发商等利益主体协商调解，与外界进行能量流、信息流、物质流频繁交换的特征明显，是一个非常开放的防范系统。

(2) 耗散结构满足的第二条件，要求系统是一个远离平衡态的系统。平衡态组织结构是一种处于静止状态的稳定结构，其存在完全不依赖于外界，不与外界进行物质、能量等交换。系统处于非平衡态，才具备与外界自由不断地进行能量、物质和信息交换的梯度和势能差。地方政府防范 MITLE 具有明显的非平衡特征，征地冲突群体性事件本身就不具有平衡态势的稳定结构，要想有效做到对其防范，必然要依据冲突本身的变化态势做出及时的路径调整，所以整个防范系统必然要处于一种非平衡状态，形成明显的结构梯度和势能差。

(3) 耗散结构满足的第三条件，系统中变量涨落的有序。涨落是一个系统中某一个变量偏离其平均值的现象。涨落可能引起系统从不稳定无序状态向新的稳定有序状态转化，促使系统出现整体上巨涨落，然后导致系统突变，使得该系统达到新的稳定有序状态。征地冲突群体性事件的发生本身是一个涨落的过程，从冲突隐患到征地纠纷，再到一般冲突，直至演变为群体冲突，这一过程就是通过系统整体巨涨落而演化。因此，对于征地冲突群体性事件的防范就属于逆向的防范系统涨落，最终达到抑制群体冲突发生的有序状态。

(4) 耗散结构满足的第四条件，系统内部存在非线性相互作用。非线性的相互作用是系统产生耗散结构的内部动力机制，在远离平衡态条件下，非线性作用使得微涨落放大为巨涨落，使热力学分支失稳并越过临界点，促使系统稳定到新的耗散结构分支。地方政府防范 MITLE 系统涉及大量组织管理、政策体系、综合调控等工作，各组织部门之间相互协调、制约、推动，促使整个防范系统的内容要素和子系统之间形成一定的非线性相互作用关系。

（二）防范路径耗散结构熵变

根据耗散结构系统的熵增原理，当地方政府开展征地工作时，征地系统内部各要素之间发生相互作用，逐渐形成一定的 MITLE 冲突风险，系统就很难继续围绕原先设定的平安征地目标有效运行，征地系统的内部矛盾导致正熵生成并持续增加，从而出现控制失灵、功能紊乱的熵值增加现象，正熵是地方政府防范 MITLE 系统不稳定的根源，正熵增加到一定程度会诱发 MITLE。与此相反，在征地系统中，负熵引入能够与正熵抵消，从而抑制正熵带来的冲突隐患，维持征地系统的管理有序。在征地过程中，正熵的形成在某种程度上具有自发性和主动性的特征，或者说是征地生产活动的必然结果。但是，地方政府要想生成用于抑制正熵并且维持征地系统稳定的负熵，必须通过外界的努力对系统进行人为输入。

由此看来，地方政府防范 MITLE 的路径就是负熵输入的过程，组织管控路径、政策把控路径、综合调控路径等就是负熵输入的具体路径，通过人为不断地采取一定防范策略，从外界引入负熵来抑制征地系统内部正熵的增加，促使正熵和负熵形成一定的有序关系。具体来说，当防范负熵输入较低无法抑制正熵增加时，MITLE 防范系统趋于无序化，发生 MITLE 的概率随之增加；随着负熵的不断增大，防范系统不断趋于有序，MITLE 发生概率降低；当负熵的输入超过一定阈值，这个防范系统成为耗散结构状态，实现从低层次有序向高层次有序的跃迁，整个征地系统就趋于稳定，爆发征地冲突群体性事件的概率为零。

地方政府防范 MITLE 路径系统的熵变 dS 可以表示为：$dS=d_eS+d_iS$。其中，dS 表示地方政府防范 MITLE 路径系统的总熵变，d_eS

表示地方政府防范群体冲突采取措施向系统输入的外部熵，d_iS 表示系统内部所产生的内部熵。依据耗散结构理论：

当 $d_eS>0$ 且 $d_eS>|d_iS|$ 时，$d_eS+d_iS>0$，表示地方政府防范 MITLE 路径系统从外部吸收了正熵，而且整个系统的总熵为正，整个防范系统的混乱度增加，极易爆发征地群体冲突事件。

当 $d_iS>0$ 且 $|d_eS|>0$ 时，$d_eS+d_iS>0$ 表示地方政府防范 MITLE 路径系统内部产生了正熵，地方政府外部防范措施不当，产生了正熵并被系统吸收，防范系统混乱度增加，极易爆发征地群体冲突事件。

当 $d_iS*d_eS<0$，且 $|d_eS|=|d_iS|$，表明地方政府防范 *MITLE* 产生的外部熵和征地系统内部产生的熵大小相等且方向相反，整个系统的熵值不变，防范系统的混乱度保持不变，有效抑制群体冲突事件发生。

当 $d_eS<0$ 且 $|d_eS|>d_iS$，$d_eS+d_iS<0$ 时，表明地方政府采取有效的防范措施，向征地系统内部输入负熵，整个防范系统的总熵为负，防范系统的耗散结构形成，发生征地冲突群体事件的风险降为最低。

当 $d_iS<0$ 且 $|d_eS|<d_iS$，$d_eS+d_iS<0$ 时，表明征地系统内部自身产生部分负熵，加上防范得当，地方政府由外部输入负熵，整个防范系统的总熵为负，防范系统的耗散结构形成，发生征地冲突群体事件的风险降为最低。

（三）耗散结构熵变与系统动力学

通过对地方政府防范 MITLE 路径系统的熵变过程分析，发现正熵的形成过程就是征地冲突群体性事件的形成过程。诸多研究已对征地冲突群体性事件的形成过程、机理、路径等深入研究①②③④，而负熵的形成过程就是地方政府防范 MITLE 的具体路径，即地方政策采取何种策略与措施向 MITLE 防范系统输入负熵，促使系统内部的混乱度保持不变甚至降低，形成防范系统的耗散结构，最大程度降低 MITLE 发生概率。负熵的形成路径是一个较为复杂的动态系统，且面临复杂动态变化环境，与地方政府的道德水平、行政能力、经济发展等因素紧密联系在一起，各种子路径系统内干预因素之间相互影响、相互作用，构成一个复杂的动力系统。

依据前文对地方政府防范 MITLE 路径分析得出，防范系统的负熵流 d_eS 主要路径为：①组织管控防范路径。通过采取包括组织结构控制、组织责任控制、组织协同控制等具体方式建立冲突防范组织结构，明确职位与权责关系，通过组织管理的方式防范 MITLE 发生，用 d_eS_1 表示；②政策把控防范路径。通过制定、补充、完善、执行、监督等方式，围绕征地行为管制、征地补偿安置、征地监督救济等方面构建政策体系防范网链，形成政策元素之间以及不同政策单元之间相互联系、彼此调适的有机防范体系，用 d_eS_2 表示；③综合调控防范路径。通过采取行政复议、听证制度、协调裁决、信访制度、人民调解、公安干预等方式达到干预征地群体冲突突变的目的，引导、阻断或者减缓群体冲突的突变过程，用 d_eS_3 表示。

因此，MITLE 防范系统的负熵流可表示为：

$$d_eS=d_eS_1+d_eS_2+d_eS_3 \quad (式 5\text{-}1)$$

---

① 李红波. 征地冲突研究[D]. 武汉：华中科技大学，2007.

② 谭术魁. 中国频繁爆发征地冲突的原因分析[J]. 中国土地科学，2008(22)：44-50.

③ 谭术魁，张南. 地方政府防范征地冲突群体性事件话语研究[J]. 中国土地科学，2016，30(9)：4-11.

④ 张南. 地方政府防范征地冲突群体性事件话语评价研究[J]. 天津商业大学学报，2021，41(4)：31-37.

依据前文及已有研究对地方政府防范 MITLE 的分析得出，防范系统的正熵流 d_iS 主要路径及表现为：①地方政府治理区域社会状况。包括地方政府辖区的腐败状况、城乡收入差距、社会保障水平、社会参与水平、社会治安等区域整体状况，用 d_iS_1 表示；②征地相关法律法规等制度缺陷。包括征地公共利益界定的模糊性、征地补偿利益分配格局的失衡、农村土地产权的缺失、权力制约权利的制度性缺失，还有被征地农民社会保障制度的滞后等，用 d_iS_2 表示。③征地过程中的违法违规。地方政府作为裁判员和运动员的双重身份，在征地过程中会有非法征地谋取利益的本能冲动，且部分公职人员亦有贪污腐败、相互勾结谋取私利的驱动，还有执法的不规范等方面，用 d_iS_3 表示。

因此，MITLE 系统的正熵流可表示为：

$$d_iS=d_iS_1+d_iS_2+d_iS_3 \quad \text{（式 5-2）}$$

综合而言，只有当 $|d_eS|>|d_iS|$，即 $|d_eS_1+d_eS_2+d_eS_3|>|d_iS_1+d_iS_2+d_iS_3|$ 时，整个 MITLE 防范进入一种稳定有序的耗散结构状态，征地工作的混乱度降到最低，征地冲突群体性事件发生的概率为零。也就是说实现 $|d_eS_1+d_eS_2+d_eS_3|>|d_iS_1+d_iS_2+d_iS_3|$ 的过程就是地方政府对 MITLE 防范的过程，其中 d_eS_1、d_eS_2、d_eS_3 的形成、发生、作用就构成了 MITLE 的具体路径。

系统动力学是利用系统结构、各环节因果关系和反馈回路建立综合模型，通过仿真方法来求解系统性能的一种分析方法。与传统对数据精度要求较高的研究方法相比，系统动力学适用于处理精度要求不高的复杂社会问题，所以更适合研究 MITLE 负熵的路径问题，它能够借助各要素间的因果关系、有限的数据及一定的结构进行推算分析，可以运用方程结构将复杂的组合关系表达出来，逼真再现路径的系统结构、作用方式和行为。

运用系统动力学分析防范系统熵变路径的原理是，从厘清防范系统的因果关系出发，将正熵和负熵的各个因素整体纳入一个回路，分析整个回路的因果反馈环及其流动规律，再通过“回路”“积累”“信息”“延迟”和“决策”来分析正熵和负熵之间的相互抵消过程，从纷乱的现象中厘清负熵的形成与作用路径，明确认识和体现冲突防范系统内部、系统外部因素的相互关系。综合来看，就是基于防范正熵和负熵各因素建立系统的结构模型，用回路描述系统结构框架，用因果关系图和流图描述系统要素之间的逻辑关系，用方程描述系统要素之间的数量关系，用专门的仿真软件进行模拟分析。

第二节　防范 MITLE 路径系统结构

一、系统目标与边界

（一）系统目标

依据研究目标，结合前文对地方政府防范 MITLE 路径属性和路径类型的分析，将系统目标设定为剖析、阐释并刻画地方政府防范 MITLE 路径系统结构，具体内容包括分析地方政府防范 MITLE 的路径系统组成结构，依据系统动力学的基本原理对影响防范系统结构的相关因素和关系充分考虑，总体构建能够反映地方政府防范 MITLE 路径的系统动力学模型，利用该模型模拟不同参数环境下不同路径模式的动态过程与差异，评估不同路径模式选择下征地防范系统的结构特征，找寻 MITLE 防范的耗散结构路径模式，从而为地方政府把握当前防范路径状况提供直观化的刻画，也为选择或开辟有效的防范路径提供具体化和科学化的指导。

（二）系统边界

系统边界的确定是构建系统动力学模型的基本和先决条件，其主要释义是通过系统轮廓的形式，将构建模型涉及的各种与研究主题有重要关系的概念和变量等要素纳入系统内部，并且明确哪些不在系统范围之内。防范路径结构系统不是独立且与其他系统无任何联系的系统，MITLE 防范工作本身是一个较大的社会工程，涉及社会的各个方面，因而其防范路径也是一个较大系统，但如果全盘考虑模型过大且不现实，因此，必须对系统加以简化缩小，明确系统的具体研究范围。总体遵循两个原则：一是包含构成系统的主要实体，且各实体之间相互联系构成一个有机的整体；二是各实体之间能构成反馈机制，形成各种各样的反馈回路或反馈环，且反馈环必须完整[①②]。

依据前文的剖析，本研究防范路径系统结构主要包括地方社会发展状况、地方政府征地水平、征地群体冲突诱发、政策把控系统，综合调控系统、组织管控系统六个方面，不考虑中央政府、政协、人大、企业、社会组织等相关机构采取的具体防范措施。地方政府防范 MITLE 路径的系统结构由这六个既相互独立又相互联系的子系统组成。

二、防范路径子系统

依据防范系统的具体目标，一共构建六个子系统，具体包括地方社会发展状况子系统、地方政府征地水平子系统、征地冲突群体性事件诱发子系统，综合调控子系统、政策把控子系统、组织管控子系统。六个子系统围绕征地冲突群体性事件总熵展开，通过各子系统自身的

---

① 齐会杰. 基于系统动力学的物流组织创新研究[D]. 沈阳：东北大学，2011.

② 盛进路，许晨岑，徐礼平. 基于系统动力学的重庆港口群集疏运系统仿真研究[J]. 中国航海，2024，47(2)：79-85.

变化达到对 MITLE 总熵的影响。其中，地方社会发展状况子系统和地方政府征地水平子系统是防范系统的路径属性，MITLE 诱发子系统是路径风险，综合调控子系统、政策把控子系统、组织管控子系统三个是路径类型。整个防范系统结构是各子系统的有机组合，释义为综合调控、政策把控、组织管控三个路径类型子系统在地方社会发展状况和地方政府征地水平路径属性子系统的基础上，化解或降低 MITLE 诱发风险子系统这一路径风险，从而促使 MITLE 总熵保持在合理状态，完善整个征地防范系统的耗散结构，防范征地冲突群体性事件发生。

由图 5-1 防范系统的因果关系可看出，地方社会发展状况对地方政府征地水平有正向的影响，对 MITLE 诱发有负向影响，即地方社会发展状况越好，地方政府征地水平就越高，MITLE 诱发的概率就越低；综合调控系统、政策把控系统、组织管控系统对 MITLE 总熵有负向影响，三个系统越完善，协调度越高，MITLE 风险度越低，MITLE 总熵就越低，防范系统的耗散结构越容易形成；政策把控系统对综合调控和组织管控有正向影响，政策法规越完善，综合调控和组织管控的效率就越高。同时地方社会发展状况越好，表明地方的行政能力越强，综合调控系统越完善，有利于降低 MITLE 诱发风险。

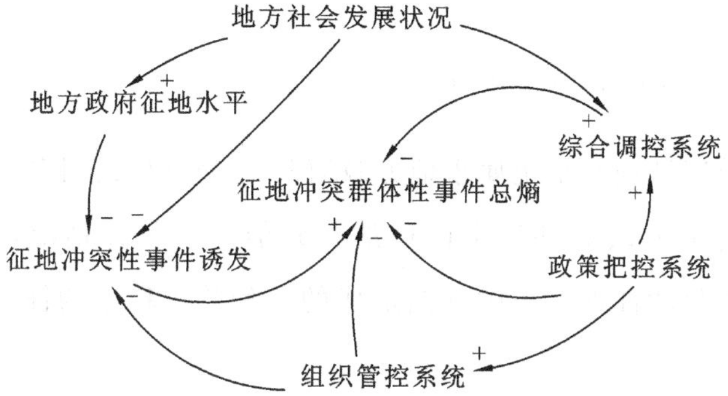

图 5-1　防范 MITLE 路径系统的因果结构

（一）地方社会发展状况

地方社会发展状况属于地方政府防范 MITLE 的路径基础范畴，即地方政府开展行政工作并实施防范具体措施的基本操作平台，也是区别不同地方政府防范效果的基础条件。不同地方政府的社会治理理念和治理能力具有明显差异，导致不同的区域社会发展状况各有差异。地方社会发展状况越好，社会公平、社会安全和社会保障程度越高，社会发展整体环境越趋于稳定，地方政府防范 MITLE 路径的基础越牢固，发生 MITLE 的风险越小；反之，地方社会发展状况较差，社会公平度差、社会治安较乱、社会保障度低。社会整体环境不稳定，在面对征地这一涉及众多利益主体、牵涉社会各个方面的具体问题时，很容易被刺激并发生 MITLE(见图 5-2)。

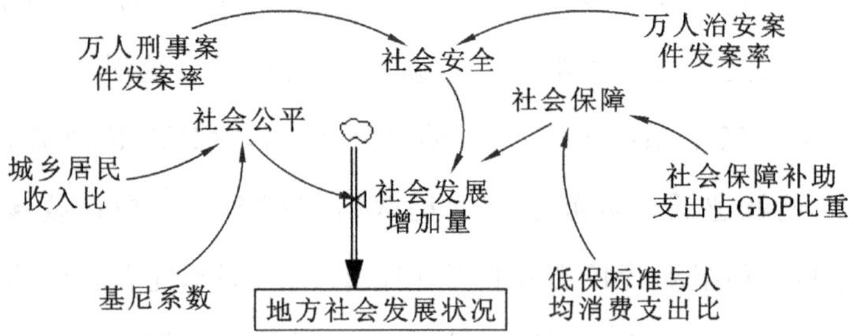

图 5-2　地方社会发展状况系统①

（二）地方政府征地水平

地方政府征地水平也属于地方政府防范 MITLE 的路径基础范畴，主要表现为地方政府基于本区域的行政能力和具体情况，在较长时间、多类项目的征地工作中逐渐形成的一种趋于稳定的征地能力平均

---

① “中国社会管理评价体系”课题组. 中国社会治理评价指标体系[J]. 中国治理评论，2012(2)：2-29.

状态，也是地方政府在征地工作中行政能力所达到的实际高度，可从征地过程控制水平和征地冲突治理水平两个主要变量来表示，具体指标包括地方政府的征地纠纷敏感度、征地纠纷重视度、征地违法处理度、征地政策执行度、征地纪律严肃度、征地资金监督度，还有征地矛盾调解能力、征地信息获取能力、征地利益协调能力等方面。地方政府的征地水平基数越高，表明防范 MITLE 越有经验，防范 MITLE 能力越强(见图 5-3)。

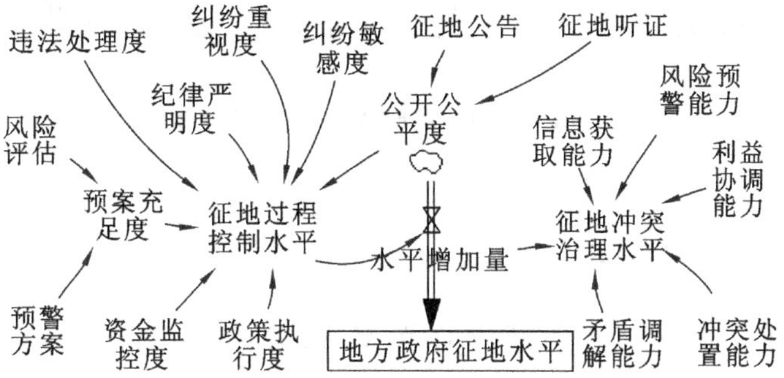

图 5-3　地方政府征地水平系统

（三）征地冲突群体性事件诱发

征地冲突群体性事件诱发属于地方政府防范 MITLE 的路径风险范畴，各类因素对冲突的诱发能够造成一定冲突隐患和冲突风险，是 MITLE 增熵的主要来源。如果 MITLE 诱发系统是一个孤立的系统，依据熵增原理，系统内部具有较强的熵增能力，在征地实际过程中征地冲突诱发会朝着系统正熵增加的方向演化，直至发生征地冲突群体性事件。具体诱发因素主要包括土地产权模糊、补偿安置单一、补偿分配不同等制度诱因，征地程序不规范、征地行为失范、征地过程腐败等行政诱因，农民社会地位低、利益表达受阻、农民法律意识觉醒等社会诱因。各类因素交叉在一起形成一定的冲突并诱发风险和隐患，以冲突正熵增加值的方式干扰整个 MITLE 防范系统(见图 5-4)。

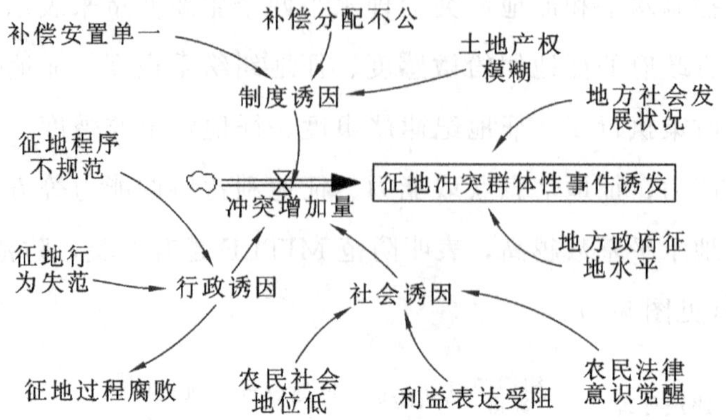

图 5-4　征地冲突群体性事件诱发系统

（四）政策把控系统

政策把控系统是地方政府防范 MITLE 的主要路径类型之一，主要包括 MITLE 防范政策的连续性、时效性、完善性、科学性、权威性、执行度等方面(见图 5-5)，以此来刻画政策把控系统的防范力量，具体的防范原理在第 4 章已做分析。政策把控系统的防范属于事前防范范畴，即政策法规的制定本身就是为了消除和预防 MITLE 风险，在还未开展征地工作之前，政策把控防范主要网络已基本构建完毕，一旦发生征地纠纷或者冲突，政策法规更多扮演的是防范补救的角色。在整个防范系统运行过程中，政策把控系统主要起提供制度政策保障的基础作用，同时对综合调控系统和组织管控系统起支撑作用。

（五）组织管控系统

组织管控系统是地方政府防范 MITLE 的主要路径类型之一，具体措施包括设立征地维稳领导小组(指挥部)、征地流程管理、组织权责划分、防范部门协同、防范部门牵制等(见图 5-6)，具体原理在第 4 章已经分析。组织管控系统更多倾向事中防范路径范畴，通过多样化

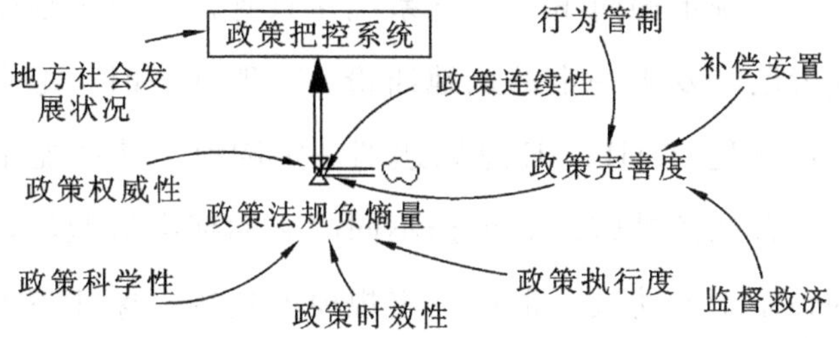

图 5-5　防范 MITLE 政策把控系统的路径结构

的行政手段，形成规模性的行政力量，具体管理征地及冲突防范的具体过程，通过组织管理、程序设定、权责划分的方式控制 MITLE 的各个群体冲突风险源，将不同的群体冲突风险分解到不同的部门具体协调应对处理，通过组织管理的高效协同策略降低 MITLE 总熵，保证防范系统的耗散结构。

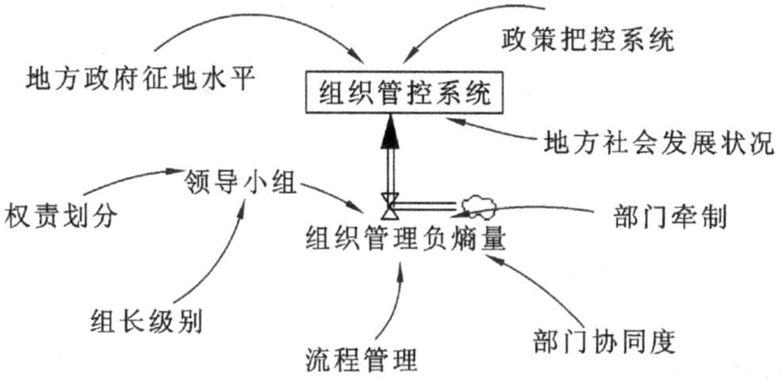

图 5-6　防范 MITLE 组织管控系统路径结构

（六）综合调控系统

综合调控系统是地方政府防范 MITLE 的主要路径类型之一，具体措施主要包括协调裁决、征地信访、行政诉讼、人民调解、行政复议、公安干预等内容（见图 5-7），各措施的具体作用机理和相关内容在第 4 章已经阐释。值得注意的是，与政策把控系统和组织管控系统不同，综合调控系统更偏向事后救济系统，只有在征地过程中群体冲突风险过大或者已经发生一定的征地纠纷、一般冲突时，综合调控系统才会启动，也就是当 MITLE 总熵达到一定阈值，冲突能量积聚到一定程度时，综合调控措施才会依据不同的启动标准被激活，从而发挥防范系统的强制干预功效，形成一定规模的负熵，保证整个防范系统的耗散结构形态。

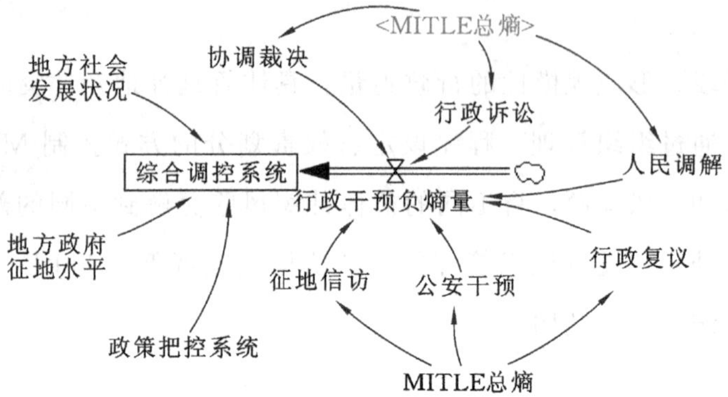

图 5-7　防范 MITLE 综合调控系统路径结构

三、系统结构优化

不同防范子系统由不同变量组成，各变量之间的不同关系组成具有差异化的防范子系统结构，每个防范子系统的影响变量和组成结构在外部约束条件的变化下呈现动态特征，促使各子系统对地方政府防范 MITLE 路径总系统的作用程度也不断变化。通过改变各子系统的影响变量及组成结构来达到整个系统的最优配置便是系统结构优化，优化方式是在一定外部约束条件下，通过改变系统原始参数和函数关系来设计地方政府防范 MITLE 的最优路径方案。

一般而言，系统结构优化应遵循易操作性和层次性两个原则。即在具体优化过程中，一方面要充分考虑地方政府所拥有的行政资源、社会资源、财政实力，以及所处区域的行政环境、社会风俗、制度现状等客观条件，首先从提高地方政府征地能力、加强征地过程组织管理、畅通征地矛盾救济渠道等能够在短期内优化的方面着手。另一方面，地方政府防范 MITLE 路径系统结构优化是一个长期的过程，要具有宏观优化、中观优化、微观优化的层次性优化思路，不同层次的优化对于系统结构的影响程度和周期不同，具有层次性的优化才能实现最优的结构优化配置。

从优化方向来看，可从局部优化和整体优化着手。一方面，各子系统之间是相对独立的，局部优化是对各子系统的单独优化，是对不同子系统内部的影响变量和组成结构进行优化，不考虑对整体结构的影响，如对地方政府征地水平子系统、征地冲突群体性事件诱发的子系统单独优化。另一方面，各子系统共同构成整体系统，整体优化以整体系统总目标为目标，通盘考虑并协调各防范子系统内部或子系统之间的相互关系，以此设计地方政府防范 MITLE 的最优路径。

第三节　防范 MITLE 路径结构模型

一、模型流图

在对系统整体结构及各子系统具体分析的基础上，需要通过构建路径模型的系统流图来直观刻画路径结构及其运行。系统流图是为了全面掌握防范路径系统的整体结构以及防范路径行为动态特征而引入的图像模型，能够通过各变量之间的数学关系反映防范系统的反馈回路，主要内容包括积累、流率、物质流、信息流等基本内容，通过流图中的流位变量搭建定量分析的仿真平台，通过建立流率变量和辅助变量的关系式进行定量分析。本研究借助的软件为 Vensim PLE，模型构建结果见图 5-8。

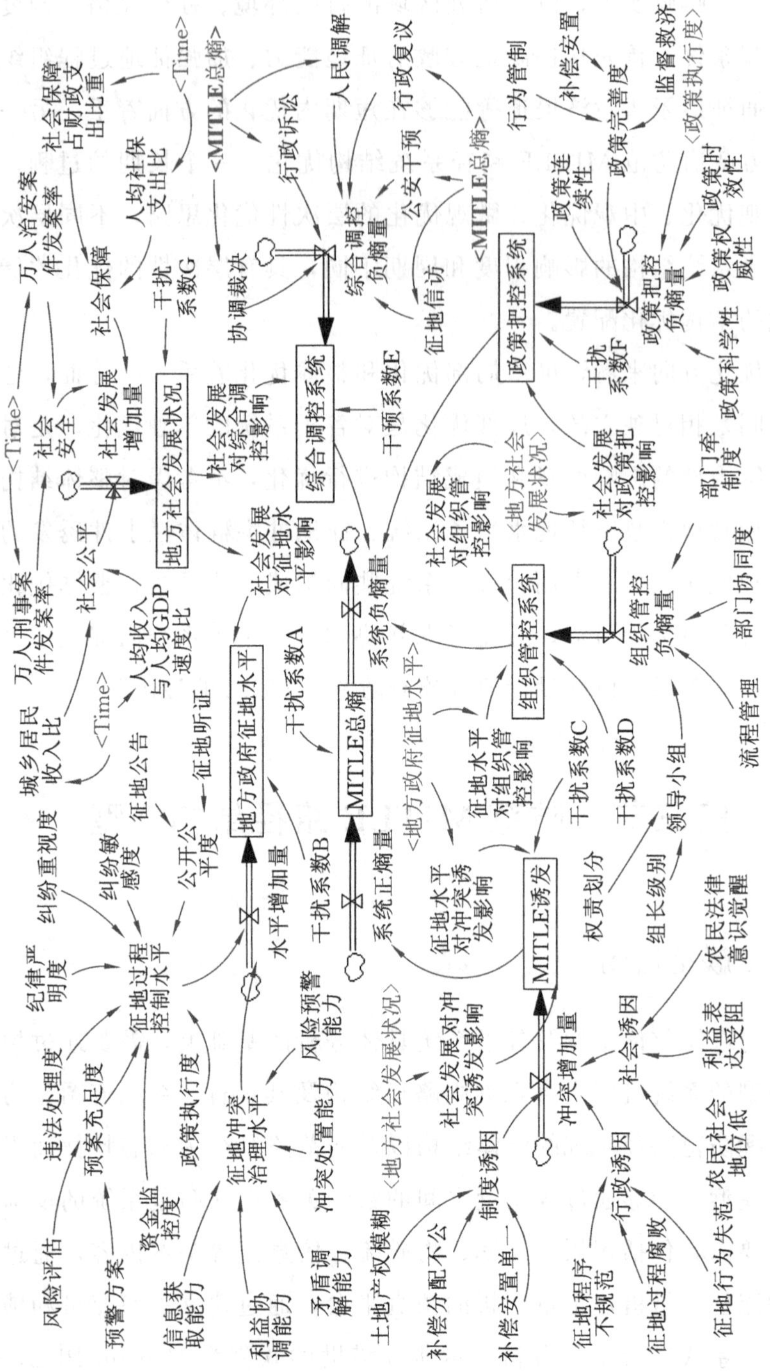

图5-8 地方政府防范MITLE路径的系统动力学模型

二、模型设置

（一）参数设置

对于系统动力学方法的应用，普遍质疑的是模型中参数的选取，然而系统动力学本身基于的模型基础是反馈循环，模型中多重反馈的存在促使整个模型的运行模式主要取决于模型结构，对相关参数的敏感度不高。模型中参数的选择在一定宽容范围内，模型运行的模式趋同，这也是系统动力学与其他方法的主要区别，即能够有效解决参数难以估计、数据不易获取的问题。本模型中需要确定的参数主要有常量、初值、表函数等。由于模型中参数众多，各个参数的统计特点以及完整性各异，需要采用不同方法来确定，参数选择过程中与模型运行紧密结合起来，除了一些统计数据资料、文献查询等可确定的参数外，其他参数确定采用的方法主要包括：

（1）定量分析法。运用层次分析法对各个因素进行分层，然后构造相关评价指标的判断矩阵，确定系统内相关因素指标的权重。还运用算术平均值法，用大量统计数据的算术平均值代表平均水平，并运用数据标准化对数据进行归一处理。

（2）调查问卷法。对于研究区域武汉市征地冲突群体性事件防范工作的实际情况，通过对国土部门、街道办事处、维稳办等相关职能部门的工作人员进行问卷调查或深度访谈，通过对数据整理分析确定参数。

（3）专家评议法。对于模型内较为专业的相关影响因素难以直接获得，运用专家评议法，委托该领域的专家对模型设定的指标或者变量进行讨论分析，并从参数设定的角度对模型进行敏感性分析，以此确定参数。

(4) 定性分析法。模型中有较多因素是无量纲的，单个变量的变化或者两个变量相互影响的规律比较清晰，可以通过定性的方法确定参数的变化趋势，比如可以通过表函数的形式来描述两个变量之间的影响关系。

(5) 模拟实验法。模型中有些参数很难通过常规方法获取，可通过基于现实的主观判断，首先进行初步设置，然后依据模型的运行情况反复调试，直到模型结果与实际情况相近且模型基本稳定。

（二）方程设置

在刻画系统动力学模型流图的基础上，不仅要筛选模型变量，还需要通过系统动力学方程阐释各变量之间的具体关系，通过借助 Vensim 软件自带的 DYNAMO 程序，运用规范数学函数表达并拟合地方政府防范 MITLE 路径结构的函数关系，对于一些规律难寻并难以用函数拟合的关系，在遵循系统动力学原理的基础上最大化地简化处理变量间的关系。针对图 5-8 中模型的总体框架和反馈关系，确定 7 个状态变量、8 个速率变量、诸多辅助变量和初始变量，采用的函数包括逻辑函数、随机函数、延迟函数、表函数等，总计 93 个系统动力学方程，其中主要方程如下：

(1)FINAL TIME＝100

(2)INITIAL TIME＝0

(3)SAVEPER＝TIME STEP

(4)TIME STEP＝0.5

(5)万人刑事案件发案率＝WITH LOOKUP(Time,([(0,0)－(100,1)],(0,0.069),(10,0),(20,0.184),(30,0.105),(40,0.147),(50,0.203),(60,0.319),(70,0.414),(80,0.557),(90,1),(100,0.733)))

(6)万人治安案件发案率＝WITH LOOKUP(Time,([(0,0)－(100,1)],(0,0.111),(10,0),(20,0.033),(30,0.192),(40,0.232),(50,

0.337),(60,0.321),(70,0.292),(80,0.261),(90,0.952),(100,1)))

(7)人均收入与人均 GDP 速度比＝WITH LOOKUP(Time,([(0,0)－(100,1)],(0,0.532),(10,0.473),(20,0.583),(30,0.613),(40,0.381),(50,0),(60,0.676),(70,0.249),(80,0.284),(90,0.272),(100,0.518)))

(8)人均社保支出比＝WITH LOOKUP(Time,([(0,0)－(100,1)],(0,0.127),(15,0.052),(30,0.123),(45,1),(60,0.089),(75,0),(90,0.052),(100,0.551)))

(9)城乡居民收入比＝WITH LOOKUP(Time,([(0,0)－(100,1)],(0,0.601),(10,0.593),(20,0.501),(30,0.841),(40,1),(50,0.873),(60,0.773),(70,0.655),(80,0.376),(90,0.446),(100,0)))

(10)人民调解＝IF THEN ELSE(MITLE 总熵≥0,0.65,0)

(11)公安干预＝IF THEN ELSE(MITLE 总熵≥1,1,0)

(12)协调裁决＝IF THEN ELSE(MITLE 总熵≥0.5,0.35,0)

(13)征地信访＝IF THEN ELSE(MITLE 总熵≥0,0.20,0)

(14)行政诉讼＝IF THEN ELSE(1－MITLE 总熵≥0.5,0.35,0)

(15)行政复议＝IF THEN ELSE(MITLE 总熵≥0.5,0.45,0)

(16)地方政府征地水平＝INTEG(社会发展对征地水平影响 * 水平增加量＋干扰系数 B,0.5)

(17)地方社会发展状况＝INTEG(社会发展增加量＋干扰系数 G,5)

(18)征地水平对冲突诱发影响＝WITH LOOKUP(地方政府征地水平,([(0,0)－(100,1)],(0,0.578947),(10,0.526316),(20,0.464912),(30,0.429825),(40,0.385965),(50,0.342105),(60,0.333333),(70,0.29386),(80,0.258772),(90,0.2356),(100,0.2014)))

(19)征地水平对管理协调影响＝WITH LOOKUP(地方政府征地水平,([(0,0)－(100,0.3)],(0,0.0833333),(10,0.100877),(20,0.10307),(30,

0.122807),(40,0.127193),(50,0.142544),(60,0.14693),(70,0.162281),(80,0.184211),(90,0.190789),(100,0.199561)))

(20)MITLE总熵＝INTEG((系统负熵量－系统正熵量)×－0.1＋干扰系数A,0))

(21)MITLE诱发＝INTEG(冲突增加量×征地水平对冲突诱发影响×社会发展对冲突诱发影响＋干扰系数C,0.05)

(22)政策把控系统＝INTEG(政策把控负熵量×社会发展对政策法规影响＋干扰系数F,0.1)

(23)社会保障＝人均社保支出比×0.5＋社会保障占财政支出比重×0.5

(24)社会保障占财政支出比重＝WITH LOOKUP(Time,([(0,0)－(100,1)],(0,0),(15,0.038),(30,0.129),(45,0.463),(60,0.506),(75,0.655),(90,0.737),(100,1)。

(25)社会公平＝人均收入与人均GDP速度比×0.5＋(1－城乡居民收入比)×0.5

(26)社会发展增加量＝社会保障×0.4＋社会公平×0.3＋社会安全×0.3

(27)社会发展对冲突诱发的影响＝WITH LOOKUP(地方社会发展状况,([(0,0)－(100,0.1)],(0,0.0820175),(10,0.0714912),(20,0.0565789),(30,0.0495614),(40,0.0447368),(50,0.0412281),(60,0.0407895),(70,0.0328947),(80,0.0280702),(90,0.0258772),(100,0.0223684)))

(28)社会发展对征地水平的影响＝WITH LOOKUP(地方社会发展状况,([(0,0)－(100,0.1)],(0,0.0210526),(10,0.022807),(20,0.0258772),(30,0.029386),(40,0.0307018),(50,0.0359649),(60,0.0377193),(70,0.0447368),(80,0.0486842),(90,0.052193),(100,

0.0530702)))

(29)社会发展对政策把控的影响＝WITH LOOKUP(地方社会发展状况,([(0,0)－(100,0.1)],(0,0.0179825),(10,0.022807),(20,0.0276316),(30,0.0328947),(40,0.0364035),(50,0.0399123),(60,0.0438596),(70,0.0464912),(80,0.0517544),(90,0.0552632),(100,0.0578947)))

(30)社会发展对组织管控的影响＝WITH LOOKUP(地方社会发展状况,([(0,0)－(100,0.1)],(0,0.0223684),(10,0.0267544),(20,0.0302632),(30,0.0311404),(40,0.0350877),(50,0.0355263),(60,0.0390351),(70,0.0416667),(80,0.0434211),(90,0.047807),(100,0.05126)))

(31)社会发展对综合调控的影响＝WITH LOOKUP(地方社会发展状况,([(0,0)－(100,0.1)],(0,0.0153509),(10,0.0188596),(20,0.022807),(30,0.0267544),(40,0.0285088),(50,0.0315789),(60,0.0350877),(70,0.0434211),(80,0.0486842),(90,0.0526316),(100,0.0561404)))

(32)社会安全＝(1－万人刑事案件发案率)×0.5＋(1－万人治安案件发案率)×0.5

(33)系统正熵量＝MITLE 诱发

(34)系统负熵量＝政策把控系统×0.3＋组织管控系统×0.4＋综合调控系统×0.3

(35)组织管控系统＝INTEG(组织管控负熵量×社会发展对组织管控影响×征地水平对组织管控影响＋干扰系数 D,0.06)

(36)组织管控负熵量＝流程管理×0.35＋部门协同度×0.25＋部门牵制度×0.15＋领导小组×0.25

(37)综合调控系统＝INTEG(综合调控负熵量×社会发展对综合调控影响＋调控系数 E,0)

(38)综合调控负熵量＝SMOOTH(人民调解×0.35＋公安干预×0.05＋协调裁决×0.15＋征地信访×0.15＋行政复议×0.15＋行政诉讼×0.15,10)

三、模型检验

模型检验是验证模型构造与现实情况的吻合程度，测试模型中各变量之间的关系能否客观反映现实系统中的基本运行规律，检验模型整体能否基本表达所要研究的基本目标，能否在一定程度保证模型的有效性。常规的模型检验包括模型运行检验、量纲一致性检验、系统行为与历史数据拟合检验等。鉴于本研究无法进行历史数据拟合检验的实际情况，除模型运行和量纲一致性检验通过外，还采用极值检验、系统间相互验证检验。其中模型检验的相关参数部分假设，从多方面保证模型构造能够最大程度接近现实系统。

(一)运行检验

运行检验是对所构建模型整体能否正常运行，所构造的系统模型方程结构是否存在逻辑错误，各子系统的运行变化是否符合常理，模型运行过程中是否存在明显缺陷和漏洞等方面的检验。通过对地方政府征地水平子系统、地方社会发展状况子系统、综合调控子系统、组织管控子系统的运行结果来看(见图 5-9)，模型运行过程良好，所构造的函数方程通过基本运行检验，各子系统的变化均呈递增趋势，与现实行为特征基本吻合，模型通过运行检验。

(二) 极值检验

所谓极值检验就是对模型进行极端情况测试，检测模型在极端情况下是否稳定，保证模型整体构造的稳定性，具体检验方法是对系统中某些重要变量进行极限取值，然后运行系统并观察模型运行过程，测试模型在极端情况下的运行是否会出现与现实系统不符的变化规律。

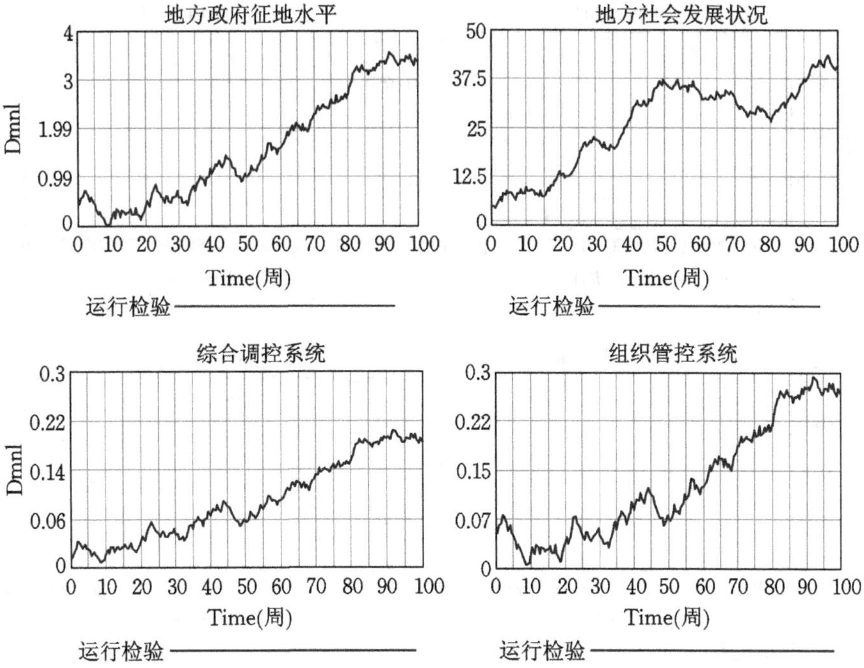

图 5-9　模型运行检验

从图 5-10 可看出，当冲突增加量设置为 0 时，表示征地系统不存在任何冲突风险，群体冲突不会发生，MITLE 诱发系统变为 0，地方政府防范系统中的系统正熵量也变为 0，系统没有形成任何的征地冲突能量，在防范负熵能量的作用下，MITLE 总熵小于 0，且一直呈下降趋势，MITLE 防范系统呈现明显耗散结构，符合现实情况，极端测试通过。

（三）验证检验

验证检验是对模型中几个紧密关联的系统进行触发式敏感测试，检测当一个系统运行发生变化时，与其相关联的系统是否按照方程设定的逻辑函数变化方式而变化，通过相互验证的方式来检测模型的灵敏性（见图 5-11）。

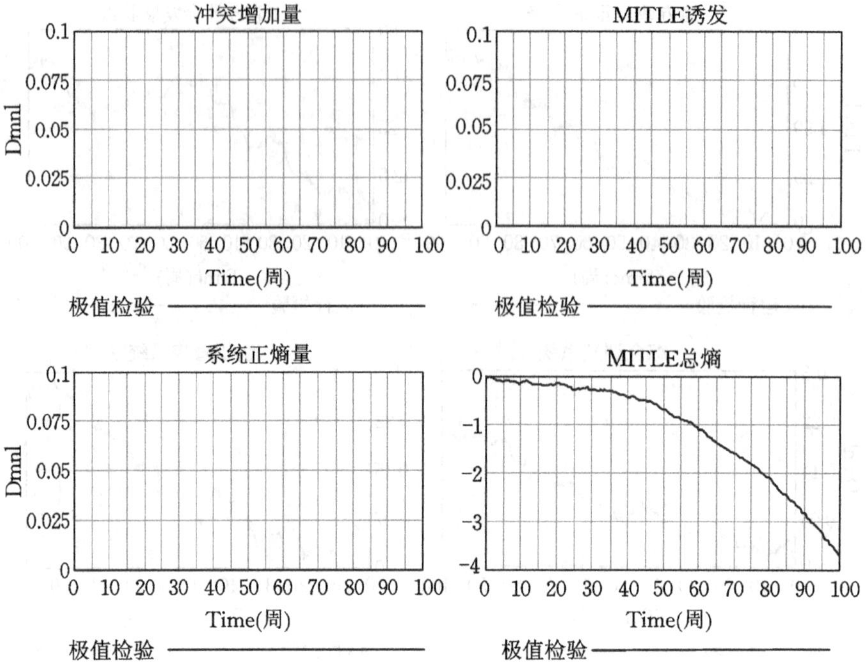

图 5-10 模型极值检验

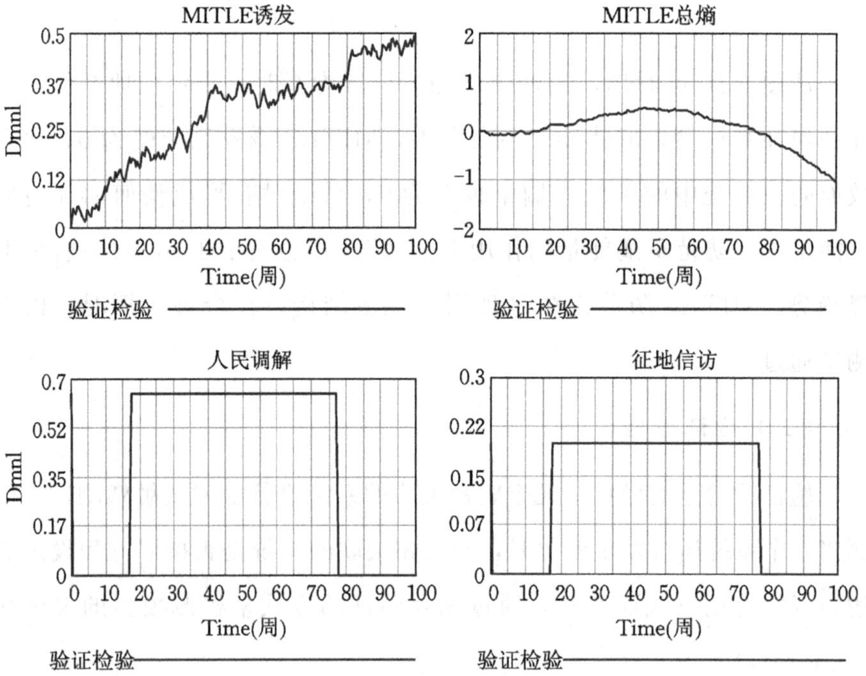

图 5-11 模型验证检验

依据模型方程设定，人民调解＝IF THEN ELSE(MITLE 总熵≥0，0.65，0)，征地信访＝IF THEN ELSE(MITLE≥0，0.20，0)，当征地冲突能量不断积聚，促使 MITLE 诱发风险加大，MITLE 总熵也呈现部分时间段大于 0，此时，触发综合调控系统中人民调解和征地信访防范阀值，综合调控防范路径按照既定的程序启动，对征地冲突能量进行快速持续干预，使得 MITLE 总熵随后又小于 0，防范系统进入耗散结构，验证检验通过。

第四节　本章小结

本章在第 4 章路径类型的基础上，主要研究了地方政府防范 MITLE 的路径结构，首先对耗散结构和熵理论进行基本概述，发现 MITLE 防范路径符合耗散结构的四个基本特征，并依据熵增原理提出地方政府通过采取一定的措施降低 MTILE 总熵值是防范的基本原理，且地方政府采取的一系列措施的有机组合就是防范路径。借助系统动力学的基本原理和研究范式，构建地方政府防范 MTILE 的防范系统，明确防范系统的目标和边界，阐释地方政府社会发展状况子系统、地方政府征地水平子系统、MITLE 诱发子系统、政策把控子系统、综合调控子系统、组织管控子系统等的基本内容。

借助 Vensim 软件绘制地方政府防范 MITLE 的防范路径流图，全面掌握防范路径系统的整体结构以及防范路径行为动态特征，通过各变量之间的数学关系反映防范系统的反馈回路，采用定量分析法、调查问卷法、专家评议法、定性分析法、模拟实验法等方法确定模型参数，运用规范数学函数表达并拟合地方政府防范 MITLE 路径系统的函数关系，包括逻辑函数、随机函数、延迟函数、表函数等。在构建模型的基础上，采用运行检验、极值检验、验证检验的方式对所构建模型进行测试，确保模型的有效性和科学性。

第六章　地方政府防范 MITLE 路径实证

第一节　防范 MITLE 路径案例仿真

地方政府对征地冲突群体性事件的防范具有整体性、过程性和动态性的行为特征。单一的征地项目因个案特殊性难以较为全面体现 MITLE 防范路径的整体结构网络，不同项目因面临的 MITLE 风险源不同，防范具体内容和目标不同，使得地方政府所采取的防范策略也各有差异，致使形成的防范子路径针对性较强而整体性较差，难以涵盖地方政府防范 MITLE 所体现的综合性防范路径内涵。因此，本研究的案例选取不以某个 MITLE 具体防范项目为例，而是将地方政府在长年征地过程中为防止发生 MITLE 所采取的措施作为一个整体动态行为看待，将案例研究焦点由具体 MITLE 具体防范项目转移到地方政府行为上来，一方面能够较好的契合研究主题，另一方面研究所得结论和启示具有较强的普适意义。

一、案例概况

武汉是国家区域中心城市(华中)、副省级市和湖北省省会，全境面积 8569.15 平方公里(截至 2024 年)，约占湖北省面积的 4.6%，总人口 1377.4 万人(2023 年末)。研究选取武汉市作为实际案例的原因有两点：其一，近年来武汉市城镇化加速发展，全市城市建成区面积由

2000 年的 209.99 平方公里增长为 2022 年的 885.11 平方公里，22 年间增幅达 321.5%，其间大量的农村土地被征用。据《武汉国土资源公报》统计，武汉市 2012 年、2013 年、2014 年三个年度的征地面积分别为 6730.11 公顷、5689.04 公顷、3998.44 公顷，征地费用分别为 812169.03 万元、739849.97 万元、510445.30 万元；其二，通过网络查询、调研访谈等方式发现，近年来，武汉市在征地过程中发生群体性冲突事件极少，少量发生一些一般性的冲突事件和部分征地纠纷，表明武汉市在大面积征地过程中，总结出较为丰富有效的防范 MITLE 实践经验，掌握了一定的防范策略。因此，以该区域为案例具有一定的代表性。

（一）武汉市社会发展状况

地方政府防范 MITLE 是基于区域特定的行政和社会环境，社会发展状况总体代表该区域的经济和社会发展水平，能够表现一个地区地方政府行政水平和社会治理能力的优劣，具体表现在该区域的城镇和农村居民人均可支配收入、社会保障状况、社会公平状况、社会治安状况等方面。

从社会保障和人民生活状况来看，近几年来，武汉市加大社会保障和提高居民生活投入力度，城镇常住居民人均可支配收入 2023 年达 61693 元，比上年增长 5.6%；农村常住居民人均可支配收入 31560 元，增长 7.7%。具体来看，①2023 年城乡居民收入比缩小至 1.95∶1，远小于全国 2023 年的 2.39∶1，但人均收入与人均 GDP 速度比波动较大，表明虽然武汉市近年来资源公平、平等、有效配置的稳定性不强，但城乡收入差距大幅逐步缩小，社会公平度总体增加。②社会保障和就业占公共财政支出比均呈现上升趋势，由 2006 年的 9.61% 上涨至 2023 年的 11.43%，表明武汉市的社会保障状况得到极大的改善，覆盖面大幅扩展，保障经费也大幅提高。

武汉市历届各级政府把社会维稳①和信访工作摆在突出位置，在全省率先建立重大事项社会稳定风险评估机制，并推行至全市 17 个区(开发区)和 41 个市直部门，从源头预防社会矛盾。建立健全人民调解、行政调解、司法调解相互衔接配合的大调解机制，同时在征地拆迁、交通事故、医疗纠纷等重点领域建立“第三方”调解机制，矛盾纠纷调解成功率保持在 95%左右。其创立的“大调解”和“第三方”调解机制，妥善解决了一大批影响社会稳定的重点、难点问题。2021 年，全市大调解共受理各类矛盾纠纷 75943 件，调解成功率达到 99.9%。

经过不断努力，武汉市的社会治安状况得到极大改善。2014 年，中国发展研究基金会与普华永道联合发布《机遇之城》报告，对全国 15 个区域中心城市进行综合评估，武汉市治安和安全均排名第一②。2013 年 6 月，武汉市被中央综治委授予“2009 至 2012 年度全国社会管理综合治理优秀市”称号，并夺得全国综治最高奖“长安杯”③，跻身全国最平安城市行列。2017 年 9 月 19 日，武汉市再度被授予全国综治最高奖“长安杯”，同时荣获“2013 年至 2016 年度全国社会治安综合治理优秀城市”称号，连续 16 年获得该称号体现了武汉治安工作的显著成效。

(二) 征地冲突群体性事件防范

征地冲突群体性事件防范是平安建设武汉的重要工作之一，在开

---

① 近年来，武汉市借助“智慧城市”建设，在全国率先成立视频侦查支队，50 万个“天眼”密织而成的“天网”，结合“地网”中 54 个警务综合服务站、17 个检查站、180 个治安卡点以及近 10 万第一群众处置力量，形成天地呼应的动态防控。截至 2015 年，全市建立治保会 3418 个、专业治安巡逻队 209 支；农村治安中心户 2284 个、联系点 5118 个；警务室辅警人员 2605 名；网格管理员 5413 名；治安志愿者 29 567 名。

② 中国情报网. 2014 年中国“机遇之城”各市总积分排行榜[EB/OL]. http://www.askci.com/news/data/2014/10/22/171538b5rh.shtml.

③ “长安杯”是中央对一个城市平安建设、社会管理创新、和谐社会建设及发展软环境等综合水平的最高褒奖，只有连续 3 届(每 4 年 1 届)被评为“综治优秀市”才有参评资格。“长安杯”也是我国综治领域时间跨度最长、涵盖内容最多的一项综合考评。

展征地拆迁工作中，武汉市政府始终把维稳工作放在首位，坚持把社会稳定大局作为第一指标来检验征地拆迁工作。近年来，为了维护社会稳定、保障征地安全，武汉市政府采取一系列的防范措施，做了大量防范工作，从源头上排除大量征地冲突群体性事件隐患，极大的降低 MITLE 发生风险，主要表现在政策把控、组织管控和综合调控三个方面。

在政策把控方面，武汉市从社会安全事件应急预案、国土资源信访、国土信息公开、行政行为规范、失地农民保障等维度，出台大量的规章、意见、通知等政策文件(见表 6-1)，构筑了 MITLE 的政策防范体系。武汉市政府在宏观层面，制定纲领性、指导性的防范文件，运用政策手段从整体上把控防范方向、防范力度，如《武汉市突发事件总体应急预案》《武汉市违反土地管理规定行政首长问责暂行办法》等。区政府及各职能部门依据上级文件制定具体的防范流程、防范标准，用以指导防范行为，如《关于信访工作首办负责制实施意见(试行)》规范了信访业务流程，实现全部信访事项办理过程和结果“可查询、可跟踪、可督办、可评价”；根据《武汉市国土资源和规划局信访件办理流程》开发了网上信访事项督办预警管理系统，进一步规范了信访办理工作。

表 6-1　武汉市防范 MITLE 相关政策文件(部分)

维度	政策文件名称
冲突预案	《武汉市突发事件总体应急预案》
	《武汉市国土资源和规划局处置突发事件应急预案》
	《东西湖区国土资源和规划局信访维稳及重大社会安全事件应急处置预案》
	《东西湖区重大社会安全事件应急处置预案》
	《江岸国土规划分局安全稳定工作预案》

续表

维度	政策文件名称
信访维稳	《武汉市国土规划局信访维稳工作应急预案》
	《关于信访工作首办负责制实施意见(试行)》
	《武汉市国土资源和规划局信访件办理流程》
信息公开	《关于切实加强国土资源政务信息网上公开促进依法行政和行政为民的通知》
	《武汉市政府信息公开暂行规定》
	《武汉市国土资源和规划局政府信息公开工作规范》
行政规范	《武汉市违反土地管理规定行政首长问责暂行办法》
	《武汉市行政过错责任追究办法》
	《武汉市人民政府重大行政决策程序规定》
社会保障	《武汉市被征地农民参加基本养老保险实施办法的通知》
	《关于对参加城乡居民社会养老保险的被征地农民增加补助养老金意见的通知》
	《关于进一步做好我市被征地农民基本生活保障工作的意见》
	《关于做好被征地农民社会保障和就业培训工作的意见》

在组织管控方面，武汉市防范 MITLE 的主要组织机构是武汉市社会管理综合治理委员会，负责全市 MITLE 预防的指导工作，由市委副书记、市委政法委书记兼任；武汉市维稳办、国土资源与规划局、信访局等负责具体防控工作，其他的辅助防范机构包括武汉市突发事件应急委员会、武汉市公安局等部门。此外，根据各地区防范工作的实际情况，成立一些临时性的防范组织，如汉阳区成立城建系统维稳工作领导小组、东西湖区国土资源和规划局成立信访维稳及重大社会安全事件应急处置工作领导小组等。除设立常规和临时性防范组织外，还明确了各防范组织的主体责任，及各部门和人员的防范职责，总体来看，对于 MITLE 防范工作的第一责任人均由各单位一把手或

分管领导担任(见表 6-2)。如武汉市国土资源规划局明确规定局党政主要领导是征地信访维稳工作的总负责人，局分管信访的领导是征地信访维稳工作的总协调人，局分管业务的领导是解决具体信访问题的具体负责人，信访处是信访维稳日常工作的总牵头人，局属业务处室和单位主要负责人是解决信访问题的具体承办人。

表 6-2　武汉市防范 MITLE 组织管控机构(部分)

	组织机构	责任主体
常设组织机构	武汉市社会管理综合治理委员会	市委副书记、政法委书记兼任
	武汉市维护稳定工作领导小组	市委政法委副书记担任
	武汉市突发事件应急委员会	市长或副市长兼任
	武汉市农村网格化服务管理工作站	各单位由一把手担任
	武汉市国土、信访、公安、民政等部门	各单位由一把手或分管领导担任
	洪山区少数民族人员矛盾纠纷人民调解工作站	信访局主要领导担任
临时组织机构	武汉市“三万”活动领导小组①	各单位由一把手担任
	汉阳区城建系统维稳工作领导小组	区委常委、区人民政府副区长担任组长
临时组织机构	东西湖区国土资源和规划局信访维稳及重大社会安全事件应急处置工作领导小组	局长、党组书记任组长
	武汉市国土资源与规划局江岸分局查处征地拆迁领域中腐败问题工作领导小组和维稳应急处置工作领导小组	局长、党组书记任组长

① “三万”活动是中共湖北省委、省政府开展的以农村发展为主的活动，在全省开展“万名干部进万村入万户”活动，组织省、市、区三级 26 460 名干部、8550 个工作组，遍访全省 26 018 个村、1062 万农户。

在综合调控方面，武汉市采取多样化的防范措施，如建立武汉市征地拆迁工作信访维稳联席会议制度①、定期开展武汉市国土资源与规划局“领导大接访”活动，建立信访接待月通报及《信访快报》制度、开展“进百村入万户矛盾纠纷大排查大调处集中行动”等，综合运用政治、法律等多种手段和人民调解、行政调解、司法调解等多种方式，及时化解征地矛盾纠纷。比较有特色的防范措施有两个：第一，武汉市开展“三万”活动，即万名干部进万村入万户活动。大量干部被下派到农村了解基层社情民意，讲解征地政策法规，带领农民发家致富，化解基层征地纠纷矛盾，这一措施从源头上有力地降低了 MITLE 风险隐患。第二，武汉市农村网格化建设②。通过网格化管理，充分发挥网格员、综治协管员、治安中心户长、家庭治安联系人的作用，全面收集 MITLE 隐患信息，对于复杂矛盾纠纷及时上报，各级网络化服务管理机构快速反应，及时分析研判、分流交办、协调处置，最大限度预防和减少 MITLE 的发生。

二、模型运行

依据对武汉市社会发展及 MITLE 防范概况的描述，同时通过调研、访谈、测算等对相关基本参数的确定(见表 6-3)，将相关初始值、影响系数、表函数等带入模型，设定模型运行时长为 100 周，运行 SD 模型，分别得出各个系统的运行结果(见图 6-1、图 6-2、图 6-3)。

---

① 联席会议成员单位由市政府重点工程督查协调办公室、市政府应急办，市信访局、市维稳办、市公安局、市国土规划局和七个中心城区及东湖生态旅游风景区组成。联席会议原则上每月召开一次，也可以根据工作需要不定期召开。

② 农村网格化管理，是指将农村以 1 平方公里为一个网格进行划分和排列，每个责任人负责几个单元网格，网格间实现无缝对接，凡是社会管理中涉及的所有社会问题全部列入规范的网格化管理，做到立即发现、立即上报、立即派遣、快速处置、责任到人。

表 6-3　模型中状态变量的初始值和部分常量

变量名称	参数	变量名称	参数	变量名称	参数
土地产权模糊	0.215	利益协调能力	0.702	部门协同度	0.761
补偿分配不公	0.521	信息获取能力	0.624	部门牵头制度	0.653
补偿安置方式单一	0.254	矛盾调解能力	0.658	政策科学性	0.753
征地程序不规范	0.385	冲突处置能力	0.702	政策权威性	0.854
征地过程中的腐败	0.201	风险预警能力	0.725	政策时效性	0.724
征地行为失范	0.418	违法处理度	0.823	政策执行度	0.901
农民地位低下	0.231	纪律严明度	0.713	政策连续性	0.745
利益表达受阻	0.365	纠纷重视度	0.742	资金监控度	0.912
农民法律意识觉醒	0.151	纠纷敏感度	0.627	流程管理	0.812

从MITLE总熵系统的总体运行结果来看，武汉市政府防范MITLE系统的熵变过程在0～15周小于0，15～85周发展为大于0，85～100周变为小于0，这表明武汉市政府在一般征地过程中总体经历从冲突隐患较小，到有较大冲突隐患，甚至发生群体冲突风险，再到冲突隐患基本消除的三个变化阶段；在整个征地防范过程中，有较长时间段处于冲突风险期，但武汉市政府通过相关措施基本能够消除征地过程中的MITLE风险隐患。

比较系统正熵量和系统负熵量的运行结果来看，在征地初中期(0～50周)，系统正熵量的增长趋势要明显高于负熵量，冲突增长能量快速增长，防范能量的增长速度较缓，难以抵消群体冲突增长能量，形成爆发征地冲突群体性事件的极大隐患；在征地的中后期(50～100周)，系统的负熵防范能量快速增长，远超正熵冲突能量的增长速度，实现与正熵流的冲抵，突破防范系统的行为临界点，并形成一定的能量梯度和势能差，防范系统由原来的混沌无序状态转变为一种在时间上、空间上或功能上的有序状态，整个防范系统进入宏观有序的耗散结构状态，冲突隐患基本消除。

图 6-1 中的 MITLE 总熵、系统负熵量、系统正熵量三个运行结果总体体现了武汉市政府应对征地冲突群体性事件的防范效果，而系统负熵量的形成过程即是防范 MITLE 路径的重要组成部分。依据前文分析，政策把控、组织管控、综合调控是防范 MITLE 的主要类型，其中政策管控是基础性防范路径，依托政策法规的管制、调控、分配、引导功能，设立防范 MITLE 的政策目标，通过政策制定、政策实施、政策监督等步骤实现；组织管控是应用性防范路径，通过优化组织、协调部门等手段综合管控征地过程；综合调控属于针对性地防范路径，对于征地过程中具体发生的征地纠纷、一般冲突进行有针对性地干预并化解。

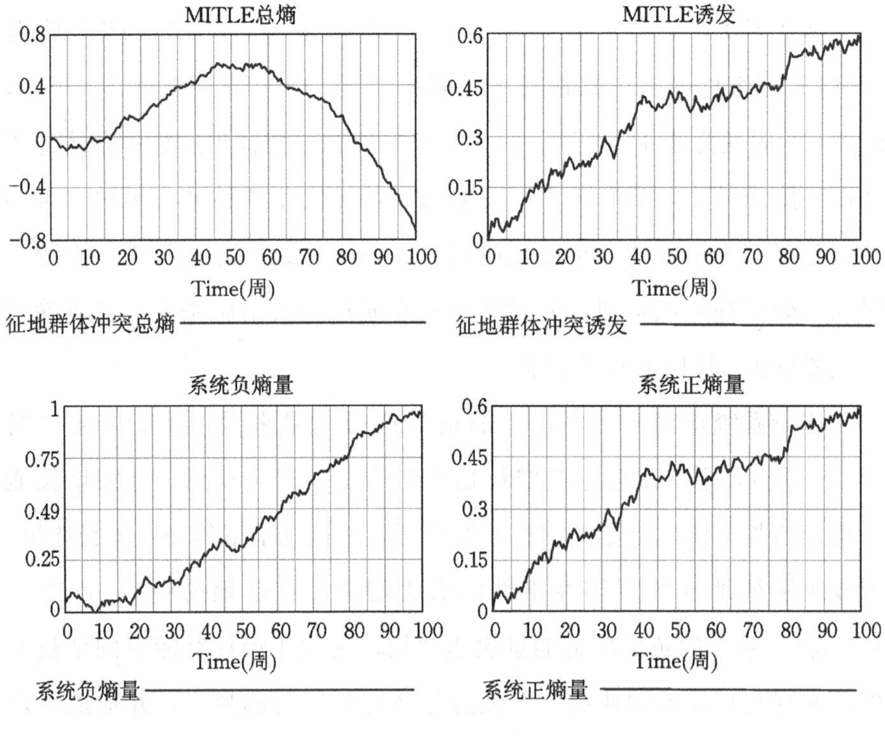

图 6-1 模型运行结果

由图 6-2 可看出，在整个 MITLE 防范过程中，组织管控系统、政策把控系统、综合调控系统都表现出负熵能量持续稳定增长的状态，表明武汉市政府所构建的 MITLE 防范系统是一个较为开放的系统。市政府通过政策、法规、文件、规章、通知等形式与防范系统进行信息流交换，通过组织、管理、协调大量的人力、物力、财力，组织各种临时性组织、纠纷协调机构，不断与被征地农民、村集体经济组织、开发商等利益主体协商调解，与外部的相关系统进行大量的能量流、物质流频繁交换，持续的流体交换促使大量的负熵生成并与正熵对冲，从而有效抑制 MITLE 发生。具体措施包括提高政策制定的科学性、时效性、执行度，加大征地部门的协调性和领导牵头制度，明确各部门的权责等。

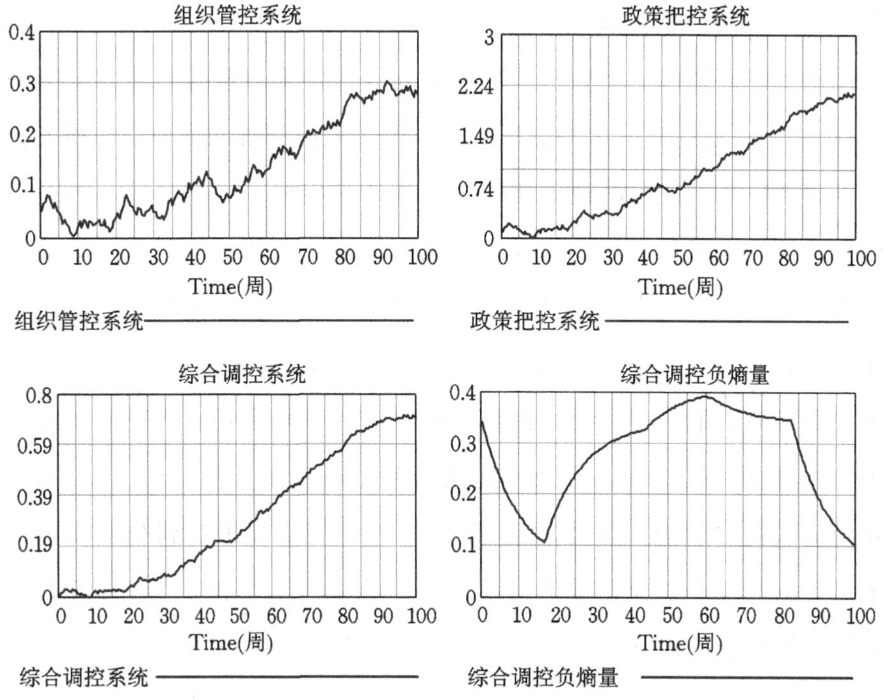

图 6-2　模型运行结果

综合调控是武汉市政府防范 MITLE 的重要路径之一。比较模型结果 a 和 b 中的 MITLE 总熵和综合调控负熵量可以看出，在 20～50 周，MITLE 总熵快速增长，群体性冲突的风险快速加大，此阶段综合调控负熵量也快速增长，武汉市政府通过行政措施的有效实施，形成强大的防范路径网络与冲突能量正面对冲；在综合调控的强大着力下，60～85 周 MITLE 总熵呈现出下降趋势，群体性冲突隐患逐渐消失，风险大幅降低，综合调控负熵量也同时呈现下降趋势；85 周之后，MITLE 总熵小于 0，防范系统进入耗散结构，综合调控负熵量也急速下降。

图 6-3 模型运行结果具体展示武汉市政府综合调控路径的防范轨迹：在 0～15 周征地初期阶段，MITLE 总熵小于 0，群体性冲突风险较小，综合调控措施尚未启动；15 周之后，MITLE 风险逐步增加，人民调解和征地信访干预模式启动，对征地冲突风险进行干预；当总熵在 40～65 周达到群体冲突风险最大值，人民调解和征地信访所发挥的干预效应远不能解决现实所发生的纠纷冲突时，行政复议、行政诉讼、协调裁决路径启动，用以解决较为复杂的征地矛盾和冲突，防止纠纷矛盾激化而引发群体冲突；65 周与 85 周之间，征地主要冲突和矛盾得到有效化解，行政复议、行政诉讼、协调裁决不再发挥作用，人民调解和征地信访继续化解较小的纠纷；85 周之后，人民调解和征地信访继续发挥作用，直到征地纠纷和矛盾基本化解，MITLE 防范系统进入耗散结构。同时，因 MITLE 冲突能量尚未达到公安干预的阈值，因此公安干预在整个防范过程中并未启动干预，当 MITLE 总熵继续增长到行政复议、行政诉讼、协调裁决也无法进行化解时，公安干预模式启动，发挥暴力阻断式的干预路径作用，从而防范征地冲突群体性事件。

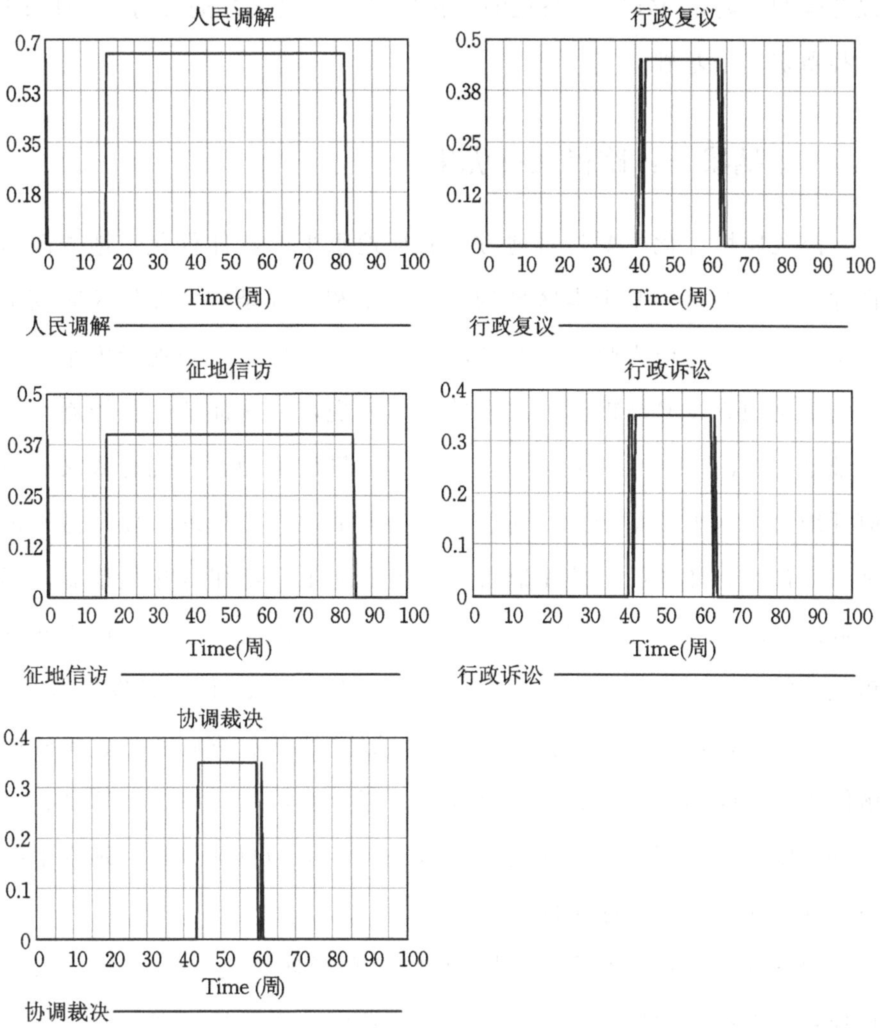

图 6-3　模型运行结果

第二节　防范 MITLE 路径情景模拟

在对武汉市政府防范 MITLE 路径进行案例仿真的基础上，通过调整模型参数设定不同的防范路径情景，并运行模型进行情景模拟，以此来观察防范 MITLE 路径的变化情况，为优化并提升防范 MITLE 路径奠定实证基础。

一、情景一：路径属性优化

路径属性优化主要是对地方政府征地水平的整体优化。地方政府征地水平主要是指基于本区域的行政环境和资源条件，在较长时期征地工作实践中，地方政府逐渐形成的一种趋于稳定的征地能力平均状态，也是地方政府征地行政水平的具体表现，可从征地过程控制水平和征地冲突治理水平两方面表示。具体情景设置为，在现有武汉市政府征地总体水平的基础上，通过采取加大征地违法处理力度、做好征地冲突预案、加强征地费用监督、严肃征地工作纪律等相关措施，提高武汉市政府对征地过程控制和征地冲突治理能力的水平，使得武汉市政府的征地水平整体上升一个台阶，以此来降低 MITLE 发生风险。

对于具体模型设置而言，对模型参数中的利益协调能力、矛盾调解能力、风险预警能力、纠纷重视度、资金监控度、纠纷敏感度、违法处理度等有关变量值分别提升 10%和 20%，以此来观察征地水平的整体提高对 MITLE 防范的敏感度。

由图 6-4 看出，武汉市防范 MITLE 路径属性优化 10%后，政策把控系统发挥作用提高，综合调控系统发挥作用明显下降，系统正熵量也明显下降，系统负熵量得到提高，MITLE 总熵大幅下降，均表现出初期效果不显著，后期影响逐步加大的趋势。优化 20%后效果更加显著，群体冲突风险期大幅缩减。

由武汉市政府征地水平优化结果看出，征地水平的整体优化，一方面能够促进政策把控系统的良性发展，提高政策法规等制度层面对 MITLE 的预防效应，间接达到干预 MITLE 风险的效果，还能够降低综合调控的运行成本，减少征地过程中的综合调控频次，总体达到提

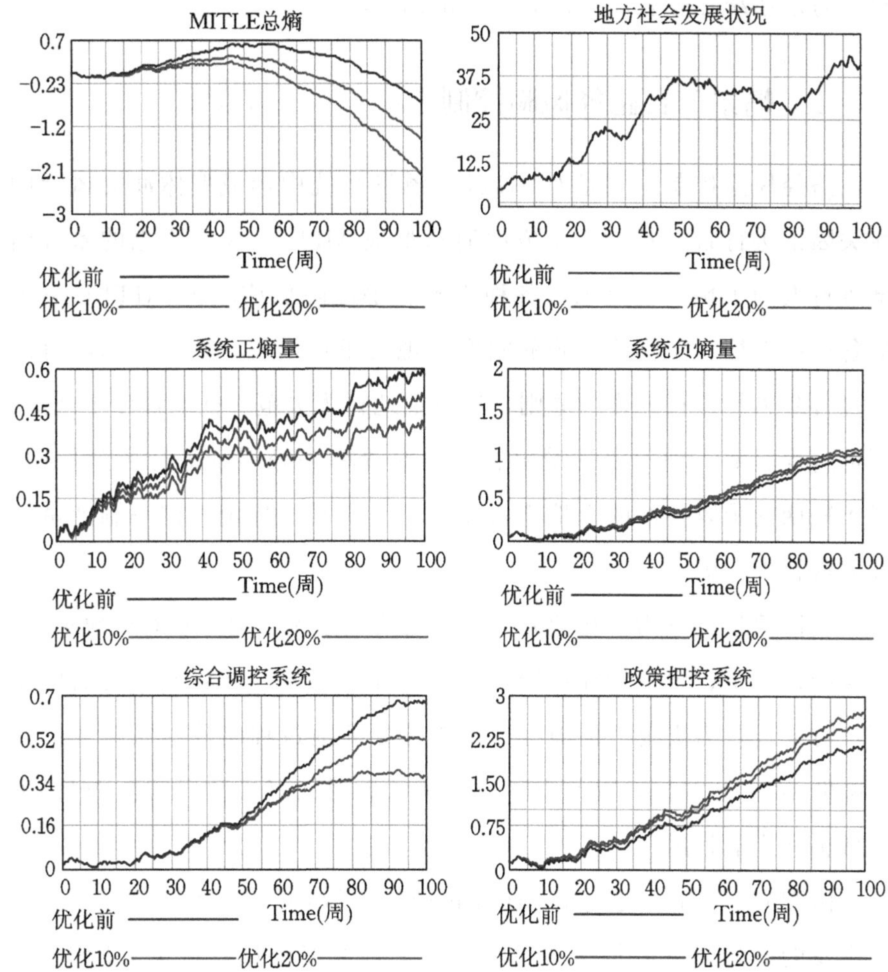

图 6-4　路径属性优化模型结果

高负熵量的效果；另一方面，征地水平的整体提高能够规范武汉市政府的征地行政行为，修正征地具体流程，打击征地过程腐败等，这一系列行为能够有效降低 MITLE 诱发风险，降低征地过程中自发产生的正熵冲突能量，总体达到降低正熵量的效果。因此，地方征地水平的整体优化能够发挥提高负熵量和降低正熵量的效应，有效降低 MITLE 总熵值，促使武汉市政府在征地过程中的征地风险大大下降，整个防范系统在较长时间内处于耗散结构状态。

二、情景二：路径风险控制

路径风险控制主要是对MITLE诱发系统中形成群体冲突风险的相关因素进行管理控制，地方政府从形成MITLE风险隐患的系统内部进行人为干预，通过采取各种措施和手段降低或减少MITLE发生的各种可能性。从具体实施的制度和现实条件出发，以在短期内可以通过行政力量进行操作为原则，选取征地行为失范、征地程序不规范、征地过程腐败、利益表达受阻、征地安置单一等因素进行风险控制，对于短期内难以控制的土地产权模糊、公共利益界定模糊等制度诱发性因素暂不考虑。

具体情景设置为：在地方社会发展状况系统、地方政府征地水平、综合调控系统、组织管控系统、政策把控系统等发展状况不变的情况下，对征地行为失范、征地程序不规范、征地过程腐败等风险变量分别降低10%和20%，以此观察风险降低后对武汉市政府防范MITLE的敏感和影响程度。

由图6-5看出，通过对MITLE诱发风险因素控制10%后，由征地引发的群体冲突能量集聚过程变缓，且冲突能量总量也有所下降，系统总熵量的增长幅度也降低，综合调控系统发挥的作用也降低，征地群体冲突总熵值降低；路径风险控制20%后效果更加显著，征地群体冲突能量大幅降低，征地群体冲突风险期由原来的70周缩短至50周，对防范群体冲突有显著效果。

三、情景三：路径系统组合

路径系统组合情景是指对影响MITLE防范的各独立路径系统之间进行组合，采取对各个系统选择性优化并逐个叠加策略，以此来观

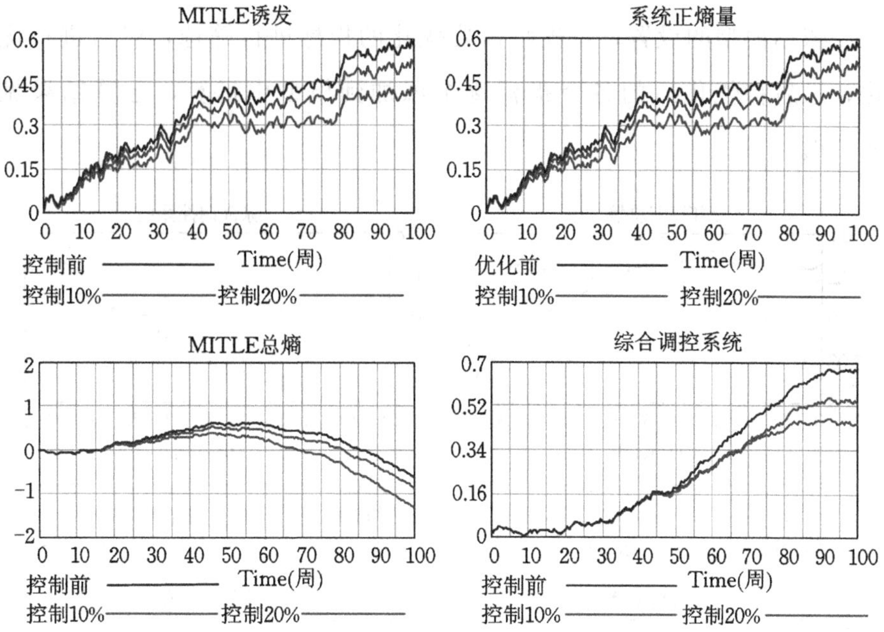

图 6-5　路径风险控制结果

察多路径逐个优化并共同发挥作用状况下的 MITLE 防范效应。每个系统内部优化不是全部性的系统优化，选择部分通过地方政府行政力量可短期内优化的变量进行优化，如行政复议、行政诉讼、农民社会地位较低等制度化和社会化因素暂不考虑。具体叠加组合模式见表 6-4。

表 6-4　路径组合模式

组合 A	组合 B	组合 C	组合 D	组合 E	组合 F
无	政策把控系统	政策把控系统	政策把控系统	政策把控系统	政策把控系统
		组织管控系统	组织管控系统	组织管控系统	组织管控系统
			综合调控系统	综合调控系统	综合调控系统
				征地群体冲突诱发	征地群体冲突诱发
					地方政府征地水平

依据模型的设置，首先将需要优化的指标进行筛选，然后进行优化，最后将优化后的各个指标逐个添加到模型中运算，运算结果见图 6-6。

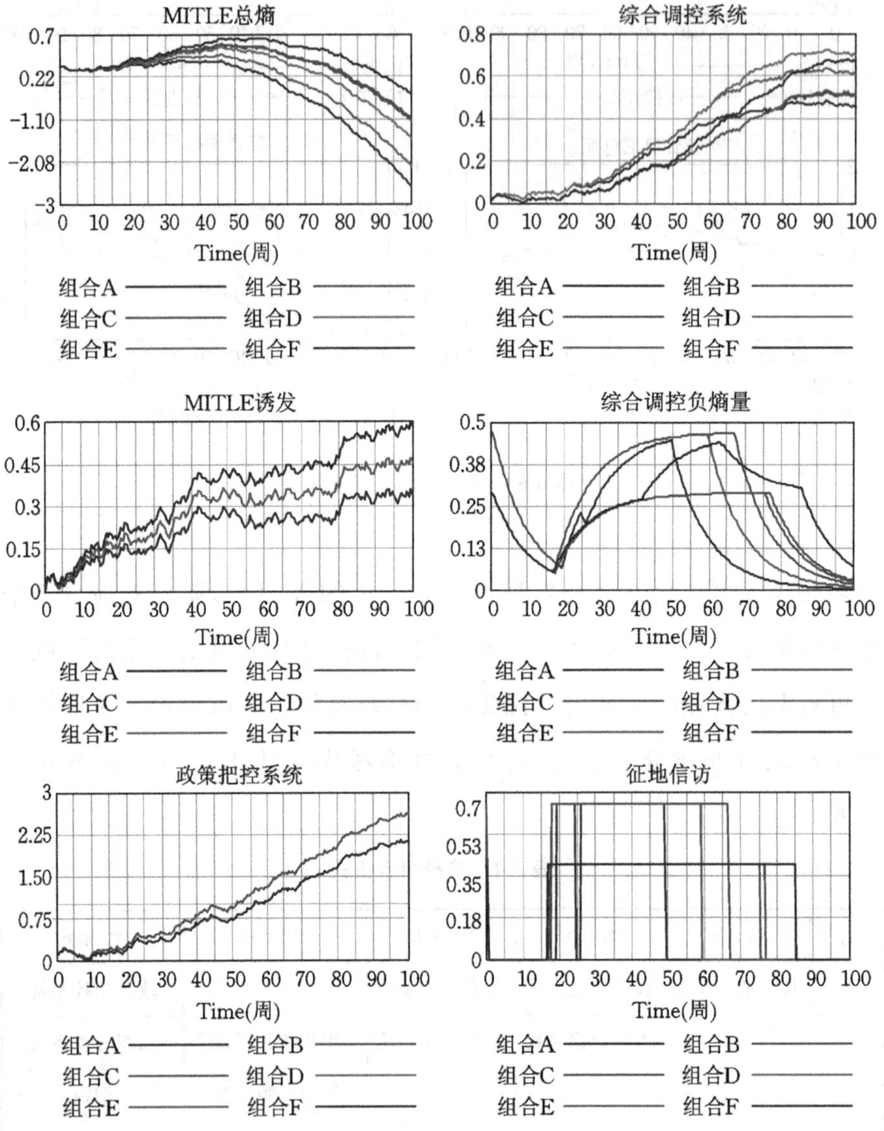

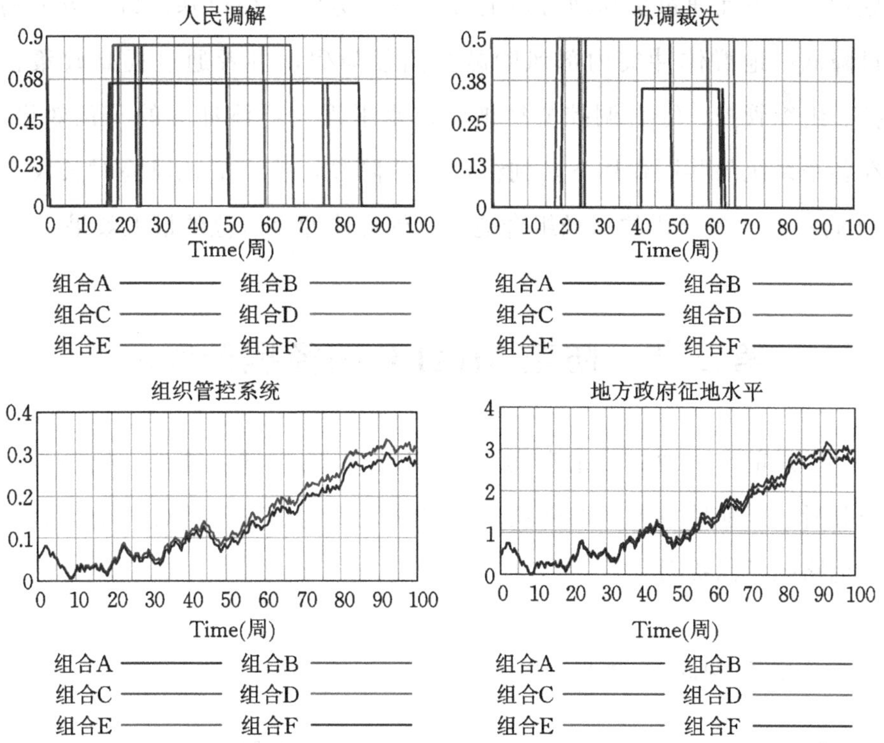

图 6-6　路径系统组合结果

通过对路径组合运算结果比较发现，在各个系统不断优化且路径组合不断深入的状态下，MITLE 风险大大下降，群体冲突能量的集聚速度变缓，集聚总量下降，冲突风险时长缩短，各个系统同时优化使得征地防范系统在整个征地过程中总体处于耗散结构状态，有效预防了 MITLE 发生。具体比较组合 A 和组合 F 来看，组合 A 状态下，各个系统尚未得到优化，征地群体风险时长达 70 周，意味着在整个征地过程中 70%的时长存在冲突风险，构成爆发群体冲突隐患，尽管各个防范系统发挥的作用能够大部分抵消冲突能量，但整个防范系统较为脆弱，在外界突发事件的诱发下存在爆发群体冲突的可能性。在组合 A 到组合 F 的过程中，通过系统优化对各防范子路径进行优化加固处理，一方面通过提高地方政府征地水平夯实路径根基，另一方面通过降低征地群体冲突内部风险减少路径障碍，再者通过提高政策把控、组织管控、综合调控的征地防范水平强化群体冲突的干预效果。在各个系统的共同作用下，到组合 F 的阶段，整个征地风险时长仅为 30 周左右，多样化的路径组合能够达到群体冲突防范的最大效果。

第三节　防范 MITLE 路径提升策略

通过前文对地方政府防范 MITLE 路径的实践、理论、模型、实证分析，当前地方政府的防范路径可从宏观、中观、微观三个层面对防范路径予以提升。

一、宏观路径选择

宏观防范路径是指地方政府基于自身的防范理念对 MITLE 所实施的战略防范行为，主要分为被动防守型和主动防御型路径。被动防守型路径是一种传统型的静态防范路径，以被动保护为特征，被动性的依据征地过程中发生具体冲突而采取防范措施的行为，征地生产的过程安全完全依赖于发生某个群体冲突事件告警后地方政府所采取的联动措施，群体冲突防范效果取决于告警产生的及时性和响应的及时性，往往是发生冲突或群体冲突才有所响应去提升防护手段，属于亡羊补牢、消缺补漏式的防范路径，而并非在一开始就以防护为主。面对城镇化快速发展背景下征地的长期需求，以及社会结构和科技的不断变化，MITLE 爆发的形式也逐渐多样化（如网络型征地群体性事件），影响力和破坏力也逐渐增大，传统的被动防守型路径已经远远不能满足当前征地工作的需要，难以从根本上解决征地群体冲突问题，主动防御型路径才是地方政府防范征地群体冲突的最优选择。

主动防御型路径是一种以主动防备为特征，监控并举、动态防护的前摄性防御程序动作，是指地方政府通过构建成体系的 MITLE 防范机制，实时监控征地生产过程中的所有进程，对征地过程中可能发生的冲突隐患进行主动识别，并告知可能存在的风险，及时发现正在发生中的征地纠纷并作出实时响应，采取各种措施降低冲突集聚能量和速度，将 MITLE 扼杀于萌芽状态(见图 6-7)。其主要优势主要体现在：一是可以总体预测征地过程中的冲突防范形势，从根本上改变以往被动防守导致防御落后于冲突的局面；二是能够对整个征地过程实时监控，对检测到的征地冲突隐患能够及时作出响应；三是能够从长期的防范经验中准确把握冲突发生的预警信号，充分实现对未知冲突风险的捕获、分析、升级。主动防御型路径主要是由防范准备、风险监测、冲突预警、冲突响应、冲突跟踪五个步骤组成。

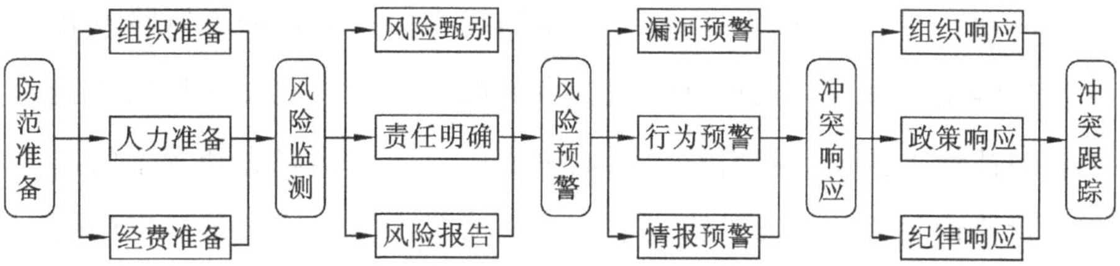

图 6-7　主动防御型防范路径优化步骤

第一，防范准备。地方政府在征地前，为防范 MITLE 而做的相关准备工作，包括组织准备、人力准备、程序准备、经费准备、文件准备、物资准备等。具体如，成立相关的征地维稳领导小组、征地纠纷调解委员会，协调、借调、储备相关的人力资源，发布与征地相关的法律法规、政策文件、规章制度，制定相关的征地工作纪律、奖惩规章，申请并拨付相应的征地纠纷调解经费等。

第二，风险监测。地方政府在征地过程中，对 MITLE 风险的发展与变化情况进行全程监督。因为 MITLE 风险是随着内部外部环境的变化而变化的，它们在地方政府征地活动的推进过程中可能会增大或者衰退乃至消失，也可能由于环境的变化又生成新的风险。因此，地方政府必须建立征地项目群体冲突风险事件控制体制，确定要控制的具体项目群体冲突风险、明确项目群体冲突风险的控制责任、跟踪各个具体项目风险的控制结果等。

第三，冲突预警。对可能发生的 MITLE 发出预先警告，包括漏洞预警、行为预警、情报预警。漏洞预警是指对征地过程中发现防范网络有系统漏洞可能引发冲突发生，如征地程序设置存在缺陷、征地政策法规过于滞后、征地过程腐败突出等；行为预警是通过分析征地过程中被征地农户的具体行为等级发出警告，如有的被征地农户情绪激动，带头违法煽动群众聚众冲突；情报预警是综合分析通过各种途径收集来的情报判断是否有发生 MITLE 的可能性。

第四，冲突响应。地方政府对监测或预警的征地冲突风险或者冲突事件作出的反应，阻止风险或者事件的进一步恶化并使损失降到最低。如征地工作领导小组对于征地过程中所内藏的隐患和发生的纠纷要及时协调相关部门和工作人员作出及时处理，对于政策规章的缺失要及时完善补充，对于公职人员的征地行为失范要及时纠正，对于征地过程中的违法腐败要及时查处等。

第五，冲突跟踪。地方政府对于已发现或已处理的纠纷冲突问题要在不同时间连续多次开展调查，继续跟踪事态的发展变化，避免发生二次风险和冲突。在现实的征地过程中，有些纠纷矛盾因个案的复杂性，短时期内难以解决，构成群体冲突的重大隐患。对于类似的冲突风险，地方政府应当建立定期跟踪报告制度，密切关注事态发展趋势，避免因信息滞后而导致工作被动。

与此同时，在主动防御型路径框架下，地方政府应当建立纵深防御理念，即要通过设置多层的安全防范系统构成多道防线，防止一点突破、全线崩溃，在防范策略上要利用各种手段的互补性，合理地采用多重措施形成功能互补，使得即使某一防线失效也能被其他防线弥补或纠正，即通过增加系统的防御屏障或将各层之间漏洞错开的方式防范 MITLE 发生。如防范路径的纵深层次可表现为，在综合调控系统中，可利用各项综合调控措施的功能互补性，建立从征地信访→人民调解→协调裁决→行政复议→行政诉讼到公安干预的纵深防御路径，预防冲突隐患在征地信访环节得不到解决直接演变为群体冲突事件。

二、中观路径选择

中观防范路径是地方政府在宏观战略路径的指导下防范 MITLE 的基础型性路径，在整个 MITLE 防范过程中处于基础地位，对防范过程和效果起着制约和决定作用，是整个防范活动运行的基础，决定了整个征地活动的风险周期、冲突能量，主要包括地方政府征地水平系统、MITLE 诱发系统、政策把控系统。地方政府征地水平是地方政府长期征地所达到的一种趋于稳定的征地能力平均状态，征地水平的高低对整个防范过程有着重要影响，征地平均水平低不仅难以防止冲突发生，还容易诱发群体冲突。MITLE 风险的大小也主要依赖于地方政府的执政水平，风险的大小对于整个防范系统起基础性、决定性的作用。政策法规的制定、执行、监督、完善等也需要一个较长的过程，政策文件对于征地防范工作本身就发挥着基础性的支撑作用。

基础型路径具有较强的路径依赖特性，防范系统的发展未来受限于其发展的历史，具有较强的路径惯性，不断通过自我强化和自我积累锁定在过去的结构和路径上，对所形成的路径产生依赖并逐渐趋于稳定。因此，地方政府必须有意识地偏离原有的路径尝试创造新的发展路径。依据系统中各因素的不同特性，对基础性路径的优化可采取

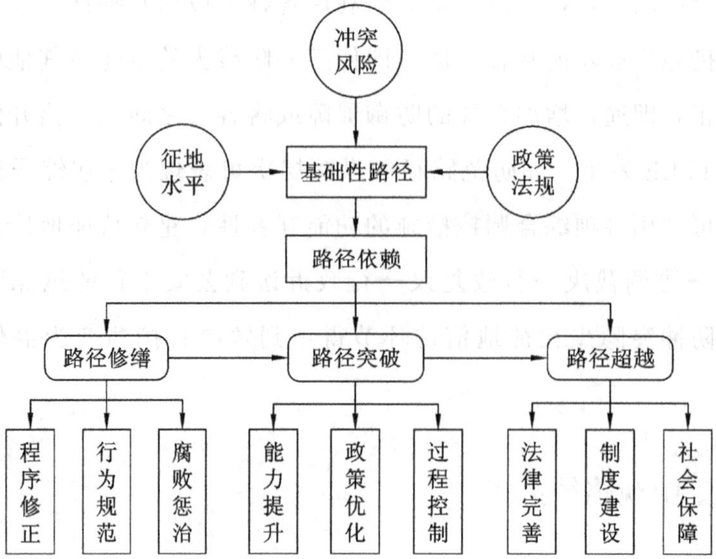

图 6-8　基础性防范路径优化过程

三个步骤(见图 6-8)。

第一步，对短时期内可以更正、补充、完善的因素进行路径修缮，主要包括通过党纪国法严肃征地纪律，严格依法征地并规范具体行为，严厉查处征地过程中的违法腐败问题，对征地中的程序纰漏要及时完善，提高征地纠纷的敏感度和重视度，通过适应性调整促使原有的路径得到维持和强化。

第二步，对于地方政府的整体征地水平和行政能力进行路径突破，主要包括地方政府及相关职能部门要有意识地通过培训、学习等方式，提高征地过程中的矛盾调解能力、冲突处置能力、利益协调能力、风险预警能力等基础能力，相关政策法规要依据社会发展变化及时优化更新，加大对人民调解的干预力度。

第三步，长期来看，对于引发征地冲突群体性事件的一些法律、制度、社会等重点障碍进行路径超越，主要包括运用多样化的方式进行补偿安置，逐步打破现有的利益分配格局，协调好征地中的多利益主体分配关系，提高被征地农户的征地分配比例；还要从土地产权和公共利益界定等方面完善相关法规制度。

三、微观路径选择

微观防范路径是地方政府防范 MITLE 的具体应用型路径，是针对具体征地项目而采取的具有针对性的防范措施，主要包括组织管控系统和综合调控系统中的防范要素，其路径优化的主要内容包括征地组织结构优化、责任主体优化、部门协同优化、人民调解优化、业务流程优化、网络舆情优化等。

组织结构优化包括依据 MITLE 防范的具体理念和内容，地方政府合理架构征地组织管控系统，提出明确的职、责、权的组织分工协作结构体系。该结构体系的设置要有一定的纵深层次，不同等级的纠纷冲突由不同层级的组织予以出面协调解决。

责任主体优化包括充分明确征地领导小组或指挥部的冲突防范主体责任，合理利用征地领导小组充分发挥矩阵式组织、无缝隙政府、跨职能团队的强大优势，凭借组长的高配优势推动征地纠纷和冲突的高效解决。

部门协同优化包括在承认并且尊重部门边界的前提下，建立一种部门协同的联动机制，加强组织各部门之间的沟通与互补，合理设置各部门之间的程序牵制，充分发挥部门内部协同作用，形成时间、空间和功能上的有序结构。

人民调解是防范 MITLE 的社会主义特色方式，有无可比拟的现实优势，其优化方向包括加大人民调解的力度，实施调解工作的动作前置，明确人民调解受理范围及工作程序，将矛盾纠纷化解在风险聚集的初始期。

业务流程优化包括明确建立征地前、征地中、征地后三大环节的业务活动的具体内容，规定各个征地业务环节的相互逻辑顺序，构建各个业务节点环环相扣的业务完整流程链，重点识别并把控整个流程的关键节点。

安置方式优化包括加强对被征地农民的劳动技能培训，积极拓宽就业门路，支持被征地农民自主择业、自主创业，工商行政管理、税务、金融、城建等部门要在市场准入及相关政策上给予扶持，并探索多渠道的征地安置渠道。

网络舆情优化包括在面对一般性征地冲突事件中，地方政府应该建立有效的网络舆情监测机制，做好宣传工作，积极回应网民关切，公开持续发布信息，更好地进行舆论引导，有效地控制不实言论的传播和极端情绪的扩散。

第四节 本章小结

本章在构建地方政府防范 MITLE 路径系统动力学模型的基础上，对武汉市的社会发展状况和防范 MITLE 等基本情况进行概述。通过设置模型参数，对武汉市政府防范 MITLE 路径进行仿真，发现从 MITLE 总熵系统的总体运行结果来看，武汉市政府在整个征地过程中，有较长时间段处于冲突风险期，但武汉市政府通过充分发挥组织管控、政策把控、综合调控等力量，构建完善的防范路径体系，基本能够消除征地过程中的群体冲突隐患。

与此同时，通过加大征地违法处理力度、做好征地冲突预案、加强征地费用监督、严肃征地工作纪律等相关措施，提高武汉市政府对征地过程控制和征地冲突治理能力的水平进行路径属性优化；通过对征地行为失范、征地程序不规范、征地过程腐败、利益表达受阻、征地安置单一等因素进行路径风险控制等对武汉市 MITLE 风险进行路径不同情景模拟，分析不同路径情境下的冲突态势。

在对模型运行结果分析的基础上，从宏观路径、中观路径、微观路径三个方面提出了防范路径的优化选择。首先，宏观路径要逐步从被动防守型路径向主动防御型路径转变，主动防御型路径主要是由防范准备、风险监测、冲突预警、冲突响应、冲突跟踪五个步骤组成。其次，中观防范路径是属于基础型路径，在整个征地群体冲突防范过程中处于基础地位，要突破现有的路径依赖，从路径修缮、路径突破、路径超越三个步骤逐步优化。最后，微观防范路径属于应用型路径，优化的主要内容包括征地组织结构优化、责任主体优化、部门协同优化、人民调解优化、业务流程优化、网络舆情优化等。

第七章　结论与展望

伴随着城市化的快速发展，大量农用土地被征用，与之相伴的是土地冲突不断发生，尤其是征地冲突群体性事件。地方政府在协调土地征收和社会和谐过程中，通过完善法律法规、组建征地机构等努力防范征地冲突群体性事件发生，逐渐形成了具有中国特色的地方政府防范征地冲突群体性事件路径。

本研究通过借鉴风险管理理论、自组织理论、系统动力学理论、热力学理论、熵增原理等，从理论上阐释了MITLE防范路径的基本原理和表现形态，从路径厚度、路径宽度、路径长度等方面分析了防范路径的基本属性；通过对大量案例的总结提炼和实地调研，总结出地方政府防范MITLE的三种主要路径类型，分别为组织管控路径、政策把控路径、综合调控路径，并分别阐释了各路径的基本形态和防范原理。在此基础上，阐释并刻画地方政府防范MITLE的路径结构，依据系统动力学的基本原理，借助Vensim软件绘制地方政府MITLE的防范路径流图，构建地方政府MITLE路径的系统动力学模型，全面掌握防范路径系统的整体结构以及防范路径行为动态特征，运用规范数学函数表达并拟合地方政府MITLE路径系统的函数关系。同时，以武汉市为例，对地方政府防范MITLE路径进行仿真，模拟不同路径模式的动态过程与差异，评估不同路径模式下防范MITLE系统的结构特征，为地方政府把握当前防范路径状况提供直观化的刻画，同时通过防范路径的优化选择为地方政府提供具体化和科学化的指导。

第一节　研究结论

（1）地方政府防范 MITLE 是较为复杂的组织管理命题，组织管控防范路径是防范 MITLE 的重要路径类型。具体来看：第一，组织结构控制。征地组织结构是表征征地组织各部分排列顺序、空间位置、聚散状态及各要素之间相互关系的一种模式，本质是为实现组织内部控制目标而采取的一种分工协作体系。当前地方政府采用三级管理模式：决策层、工作层、业务层，为 MITLE 设定三道屏障。第二，组织责任控制。征地领导小组通过构建立体式、矩阵型征地信息传输网络，避免因信息传输滞后或堵塞而引发群体冲突，当发生征地冲突时，可充分发挥矩阵式组织、无缝隙政府、跨功能团队的强大优势，及时调动各方资源，凭借组长高配优势推动征地纠纷和冲突的高效解决，避免演化为群体性冲突。第三，组织部门控制。在承认并且尊重部门边界的前提下建立强协同联动机制，即在征地过程中加强各部门间沟通与互补，通过良好且有效的沟通与信息交流，协调完成一系列共同活动时的相互配合，有效预防并化解征地纠纷、处置征地争议冲突。

（2）征地冲突群体性事件防范属于政策性极强的行政工作，地方政府如何避免在征地过程中发生群体性冲突事件是征地政策的重要功能，客观形成了防范的政策把控路径。地方政府防范 MITLE 的政策体系并不是由某个单一的政策构成，而是由不同层次、不同类型和不同内容的法律、法规、规章、制度等多种组合协调形成。各政策元素之间以及不同政策单元之间相互联系、彼此调适，客观上形成政策体系的差异化防范模式；各种政策体系模式之间交互协调、各自发挥优势，构成综合全面的 MITLE 政策体系防范网。具体由政策目标、政策功能、政策主体、政策类型四方面构成地方政府防范 MITLE 的政策防范基本框架，充分体现并发挥政策体系的管制功能、引导功能、调控功能、分配功能。同时，地方政府是防范 MITLE 政策的制定、执行、监督三合一主体，使得地方政府能够充分利用政策工具，制定具有针对性、多方位、立体化的冲突防范政策，充分、直接、高效将政策观念转化为实际效果，并督查政策执行和实施过程情况。从具体的政策体系内容来看，总体可划分为维护社会稳定、行政行为管制、征地补偿安置、征地监督救济四种。针对不同的 MITLE 风险源，形成各自的防范政策体系，共同组成地方政府防范 MITLE 政策体系路径网。

（3）征地冲突群体突变是从一种稳定组态跃迁到另一种稳定组态的连续过程，是征地过程中冲突能量积聚到一定程度并突破临界值而发生的结构突变。综合调控路径就是在冲突能量集聚过程中且尚未达到突变临界值之前，地方政府运用综合手段引导能量集聚方向、减缓突变时间、释放突变能量、阻断突变进程，从而达到控制或部分控制能量集聚过程的目的，以保持征地安全的稳定结构，保证征地冲突不发生突变。综合调控措施主要包括行政复议、协调裁决、听证制度、信访制度、人民调解和公安暴力。针对征地不同阶段，各个措施之间并不是独立发挥作用，而是相互交叉配合，依据纠纷冲突的不同等级以及诱发纠纷或冲突的原因差异，采用不同的干预策略组合，从而形成突变综合调控路径网，有效实现对群体冲突突变的减缓、阻断、引导和释放。具体来看，人民调解能够最大程度将征地群体冲突隐患化解在基层和萌芽状态，筑起群体冲突突变的第一道干预防线，干预突变能量初始集聚；征地听证在征地源头用组织程序的形式讨论主要矛盾；协调裁决通过协调和裁决的方式释放已集聚的部分征地冲突能量，降低群体冲突突变的概率；信访有效减缓冲突能量集聚的速度，延迟冲突能量的集聚过程；公安机关通过暴力干预打击征地违法行为，暴力干预及时制止矛盾冲突，阻断冲突突变态势。

（4）地方政府防范MITLE符合耗散结构特征，整个防范过程属于远离平衡态过程，地方政府通过采取各种防范措施促使防范系统内部达到非线性的相互作用，通过连锁放大促使系统涨落有序，以此达到有序防范征地群体性冲突事件的目的。依据防范系统的具体目标，可构建地方社会发展状况子系统、地方政府征地水平子系统、MITLE诱发子系统、综合调控子系统、政策把控子系统、组织管控子系统等六个子系统。子系统围绕MITLE总熵展开，通过各子系统自身的变化来达到对MITLE总熵的影响。其中，地方社会发展状况子系统和地方政府征地水平子系统是防范系统的路径属性，MITLE诱发子系统是路径障碍，综合调控子系统、政策把控子系统、组织管控子系统三个是路径类型。整个防范系统是各子系统的有机组合，释义为综合调控、政策把控、组织管控三个路径类型子系统在地方社会发展状况和地方政府征地水平路径属性子系统的基础上，化解或降低MITLE诱发风险子系统这一路径障碍，从而促使MITLE总熵保持在合理状态，达到整个征地防范系统的耗散结构，防范群体冲突发生。具体来看，地方社会发展状况对地方政府征地水平有正向的影响，对MITLE诱发有负向影响；组织管控系统、综合调控系统、政策把控系统对MITLE总熵有负向的影响，系统越完善、协调度越高，MITLE总熵就越低，防范系统的耗散结构越容易形成；政策把控系统对综合调控和组织管控系统有正向影响；地方社会发展状况越好，综合调控系统越完善，能够有效降低群体冲突诱发风险。

（5）地方政府防范MITLE是耗散结构中正熵和负熵相互作用的过程，防范路径就是负熵输入的过程，组织管控路径、政策把控路径、综合调控路径等就是负熵输入的具体路径，通过采取防范措施从外界引入负熵抑制正熵的增加，促使整个系统正熵和负熵形成一定的有序关系。具体来说，当负熵输入较低且无法抑制正熵增加时，群体冲突发生概率随之增加；当负熵的输入超过一定阈值，并远超正熵冲突能量的增长速度，实现与正熵流的冲抵，突破防范系统的行为临界点，并形成一定的能量梯度和势能差，防范系统由原来的混沌无序状态转变为一种在时间上、空间上或功能上的有序状态，实现从低层次有序向高层次有序地跃迁，整个防范系统进入宏观有序的耗散结构状态，冲突隐患基本消除，整个征地系统就趋于稳定。防范路径模拟优化结果表明，路径属性优化和路径风险控制是控制并降低正熵对整个系统的输入总量，通过提高地方政府的利益协调能力、矛盾调解能力、风险预警能力等优化路径属性，通过控制征地行为失范、征地程序不规范、征地过程腐败等路径风险能够有效降低正熵的输入总量；路径系统组合是通过优化组织管控路径、政策体系路径、综合调控路径来提高负熵的输入总量，实现整体防范的规模效应。通过一增一减能够促使群体冲突能量集聚速度变缓，集聚总量下降，冲突风险时长缩短，使得征地防范系统处于耗散结构状态，有效地预防 MITLE。

(6) 从优化的宏观路径来看，要摆脱传统以静态防范、被动保护的被动防守型观念，避免防范取决于群体冲突告警产生和响应的及时性，逐步从被动防守型向主动防御型路径转变。即以主动防备为特征，监控并举、动态防护，设置前摄性防御程序，通过构建成体系的防范 MITLE 机制，实时监控征地生产过程中的所有进程，对可能发生的冲突隐患进行主动识别，并告知可能存在的风险，及时发现正在发生中的征地纠纷并作出实时响应，采取各种措施降低冲突集聚能量和速度。同时，还应建立纵深防御理念，通过设置多层的安全防范系统构成多道防线，利用各种手段的互补性，合理地采用多重措施形成功能互补，通过增加系统的防御屏障或将各层之间漏洞错开的方式防范

MITLE。从优化的中观路径来看，要克服基础型路径的路径依赖，有意识地偏离原有路径并尝试创造新的发展路径。可采取三个步骤：第一步，对短时期内可以更正、补充、完善的因素进行路径修缮；第二步，对地方政府的整体征地水平和行政能力进行路径突破；第三步，对引发 MITLE 的一些法律、制度、社会等重点障碍进行路径超越。从优化的微观路径来看，要针对具体征地项目采取具有针对性的防范措施，主要内容包括征地组织结构优化、责任主体优化、部门协同优化、人民调解优化、业务流程优化、网络舆情优化等。

第二节　研究创新

（1）从研究主题来看，通过梳理相关研究发现，目前针对防范征地冲突群体性事件路径的相关研究极少，少有的研究往往都是从宏观层面探讨一些交叉性的宏大主题，而对宏观框架下微观路径的运作逻辑和运行机制也缺乏深入、细致的考察和研究，整体呈现宽广而不深邃、有新意而缺乏深度的现象。本研究在已有研究基础上，以防范路径为切入点，从微观层面抽象出防范路径的基本属性，通过对已有路径的概括凝练划分出三大类型，对每一类型路径的表现特征、防范机理进行深入探究，并刻画出防范路径的整体结构，深入细致剖析地方政府采取何种策略和措施防范征地冲突的群体性事件。

（2）在研究方法的选取上面，已有对于该主题的相关研究主要采用定性的研究方法展开分析，多停留在对实际防范经验的一般性总结和概括层面。本研究采用系统动力学的研究方法，运用系统论的思想将整个防范系统进行分解组合，依托系统动力学擅长处理高阶次、非线性、多重反馈、复杂时变的系统问题以及能进行情景模拟等优点，从防范路径的内部机制和微观结构入手，剖析系统进行建模，并借助计算机模拟技术来分析研究系统内部结构与其动态行为，以此研究不同目标情景下防范路径的选择。

(3) 在基础理论的运用和深化方面，本研究首次将风险管理理论、协同论、突变论、耗散结构理论、熵增原理、系统动力学理论等一些基础理论运用到地方政府防范征地冲突群体性事件路径这一研究主题之中，一方面是验证和检验这些理论在相关研究领域的适用性，丰富并深化了这些理论的基本内涵和外延；另一方面通过将这些基础理论整合到地方政府防范征地冲突群体性事件路径的总体研究框架下，通过系统地梳理、概括、抽象、提炼等方式，凝练出地方政府防范征地群体性冲突事件路径的诸多理论要点，具有一定的理论创新。

第三节 研究展望

(1) 地方政府防范征地冲突群体性事件路径研究是一个涉及多学科的综合性研究命题，本文主要从系统论、管理学的视角对其展开剖析，借用的主要是自组织管理、系统动力等理论。与此同时，该命题也是一个经济学、社会学问题，可以从制度经济学视角考究制度变迁下的防范路径，可借用的理论包括路径依赖理论、博弈论等；同时，还可以依托社会控制论、结构功能论、社会冲突理论等社会学相关理论从社会学的视角展开相关研究。

(2) 本研究将地方政府作为防范征地冲突群体性事件的主体展开研究。不同的地方政府所在的区域社会发展、资源禀赋状况不同，地方政府的社会治理理念和治理水平也有明显差异，不同层级的地方政府也有不同的治理观念，由此形成的防范路径也千差万别，各有特色。因此，对于地方政府防范 MITLE 路径的区域比较，分析不同区域防范路径的具体特征及其差异也值得进一步研究。同时，还可以考虑将防范主体范围扩大，探讨多主体视角下的征地群体冲突防范路径。

（3）不同的历史时期，社会经济、制度建设、人文环境等不同，征地群体性冲突事件形成的诱因也不同，防范的理念也有差异，由此形成了不同阶段不同的防范策略，即地方政府对于征地群体冲突事件的防范路径具有一个路径演变和更替的过程，路径生成、路径发展、路径稳定都是基于一定的历史背景。因此，地方政府防范征地群体性冲突事件的路径演化也需要进一步的深入分析，剖析不同时期路径的阶段特征，以及路径的逐步形成过程。

参考文献

[1] ADAM A G. Understanding competing and conflicting interests for peri-urban land in Ethiopia's era of urbanization [J]. Environment and Urbanization, 2020, 32(1): 55-68.

[2] ADAM Y O, PRETZSCH J, DARR D. Land use conflicts in central Sudan: Perception and local coping mechanisms [J]. Land Use Policy, 2015(42): 1-6.

[3] ADISA R S. Land Use Conflict between Farmers and Herdsmen-Implications for Agricultural and Rural Development in Nigeria [M]. London: INTECH Open Access Publisher, 2012.

[4] ADISA R S. Land Use Conflict between Farmers and Herdsmen-Implications for Agricultural and Rural Development in Nigeria [M]. London: INTECH Open Access Publisher, 2012.

[5] AGEGNEHU S K, DIRES T, NEGA W, et al. Land tenure disputes and resolution mechanisms: Evidence from peri-urban and nearby rural Kebeles of Debre Markos town, Ethiopia [J]. Land, 2021, 10(10): 1071.

[6] AMEYAW P D, DE VRIES W T. Toward smart land management: Land acquisition and the associated challenges in Ghana. A look into a blockchain digital land registry for prospects [J]. Land,

2021, 10(3): 239.

[7] ANDREW J S. Potential application of mediation to land use conflicts in small-scale mining [J]. Journal of Cleaner Production, 2003, 11(2): 117-130.

[8] ARYEETEY E, HARRIGAN J. Macroeconomic and sectoral developments since 1970 [J]. Aryeetey et al., Economic Reforms in Ghana, 2000: 5-31.

[9] AYLING R D, KELLY K. Dealing with conflict: natural resources and dispute resolution [J]. The Commonwealth Forestry Review, 1997: 182-185.

[10] BASCO S, DOMÈNECH J, Maravall L. Land reform and rural conflict. Evidence from 1930s Spain [J]. Explorations in Economic History, 2023(89): 101530.

[11] BECK C J A. Defining and evaluating success in environmental conflict resolution [M]//Braving the currents. Springer US, 2004: 15-54.

[12] BENDOR T K, BRANHAM J, WHITTEMORE A, et al. A national inventory and analysis of US transfer of development rights programs [J]. Journal of Environmental Planning and Management, 2022, 65(12): 2276-2296.

[13] BISWAS S D. Social citizenship and plural values of land: land acquisition cases from India [J]. Social Policy and Society, 2020, 19(2): 331-342.

[14] BOONE C. Land conflict and distributive politics in Kenya [J]. African Studies Review, 2012, 55(1): 75-103.

[15] BORRAS JR S M, FRANCO J C. Land rush. Land grabbing

in Latin America and the Carbbean [J]. The Journal of Peasant Studies, 2012, 39(3-4): 845-872.

[16] BROWN G, RAYMOND C M. Methods for identifying land use conflict potential using participatory mapping [J]. Landscape and Urban Planning, 2014, 122: 196-208.

[17] CALDERÓN E. Marginal cities in conflict: emerging geographies of spatial accumulation [J]. International Development Planning Review, 2022, 44(3): 265-288.

[18] CHABLÉ-RODRÍGUEZ G, GONZÁLEZ-GUILLÉN M J, GONZÁLEZ-MARTÍNEZ T M, et al. Conflicts and future scenarios of land use in eastern Mexico [J]. Forest Systems, 2022, 31(3): e018-e018.

[19] CHITONGE H, MFUNE O. The urban land question in Africa: The case of urban land conflicts in the City of Lusaka, 100 years after its founding [J]. Habitat International, 2015, 48: 209-218.

[20] CIEŠLAK I, BIłOZOR A. An analysis of an area's vulnerability to the emergence of land-use conflicts [J]. Land, 2021, 10(11): 1173.

[21] DE JONG L, DE BRUIN S, KNOOP J, et al. Understanding land-use change conflict: A systematic review of case studies[J]. Journal of Land Use Science, 2021, 16(3): 223-239.

[22] DE MARIA M, ROBINSON E J Z, ZANELLO G. Fair compensation in large-scale land acquisitions: fair or fail? [J]. World Development, 2023, 170: 106338.

[23] DEININGER K, CASTAGNINI R. Incidence and impact of land conflict in Uganda [J]. Journal of Economic Behavior &

Organization, 2006, 60(3): 321-345.

[24] DELGADO-MATAS C, MOLA-YUDEGO B, GRITTEN D, et al. Land use evolution and management under recurrent conflict conditions: Umbundu agroforestry system in the Angolan Highlands [J]. Land Use Policy, 2015, 42: 460-470.

[25] DING C. Policy and praxis of land acquisition in China [J]. Land Use Policy, 2007, 24(1): 1-13.

[26] FASTH T, BOHMAN S, LARSSON A, et al. Portfolio decision analysis for evaluating stakeholder conflicts in land use planning [J]. Group Decision and Negotiation, 2020(29): 321-343.

[27] FERREIRA M A. The Bureaucratic Politics of Urban Land Rights: (Non) Programmatic Distribution in São Paulo's Land Regularization Policy[J]. Latin American Politics and Society, 2023 (28): 1-27.

[28] FIENITZ M, SIEBERT R. "It is a total drama": Land use conflicts in local land use actors' experience [J]. Land, 2022, 11 (5): 602.

[29] FIENITZ M, SIEBERT R. Urban versus rural? Conflict lines in land use disputes in the urban-rural fringe region of Schwerin, Germany [J]. Land, 2021, 10(7): 726.

[30] FITAWOK M B, DERUDDER B, MINALE A S, et al. Stakeholder perspectives on farmers' resistance towards urban land-use changes in Bahir Dar, Ethiopia [J]. Journal of Land Use Science, 2023, 18(1): 25-38.

[31] GELLERT PARIS R, RIENOW A. Using geospatial data to identify land grabbing. Detecting spatial reconfigurations during the

implementation of the Nacala Development Corridor in Mozambique with remote sensing and land conflicts databases [J]. European Journal of Remote Sensing, 2023, 56(1): 2223751.

[32] GERMAN L, SCHONEVELD G, MWANGI E. Processes of large-scale land acquisition by investors: Case studies from sub-Saharan Africa[C]//international conference on global land grabbing, University of Sussex. 2011: 6-8.

[33] GIZELIS T I, PICKERING S, URDAL H. Conflict on the urban fringe: Urbanization, environmental stress, and urban unrest in Africa [J]. Political Geography, 2021, 86: 102357.

[34] GRADINARU S R, PARASCHIV M, IOJĂ C I, et al. Conflicting interests between local governments and the European target of no net land take [J]. Environmental Science & Policy, 2023, 142: 1-11.

[35] GRODZINSKA-JURCZAK M, CENT J. Expansion of nature conservation areas: problems with Natura 2000 implementation in Poland? [J]. Environmental management, 2011, 47(1): 11-27.

[36] HALLEUX J M, MARCINCZAK S, VAN DER KRABBEN E. The adaptive efficiency of land use planning measured by the control of urban sprawl. The cases of the Netherlands, Belgium and Poland [J]. Land Use Policy, 2012, 29(4): 887-898.

[37] HERNÁNDEZ-ALEMÁN A, CRUZ-PÉREZ N, SANTAMARTA J C. Rethinking legal criteria for assessing compensation for rural land expropriation: Towards a European Institutional Framework [J]. Land, 2022, 11(2): 194.

[38] HILSON G. An overview of land use conflicts in mining

communities [J]. Land use policy, 2002, 19(1): 65-73.

[39] HILSON G. An overview of land use conflicts in mining communities [J]. Land use policy, 2002, 19(1): 65-73.

[40] HORN P. The politics ofhyperregulation in La Paz, Bolivia: Speculative peri-urban development in a context of unresolved municipal boundary conflicts [J]. Urban Studies, 2022, 59 (12): 2489-2505.

[41] HUI E C M, BAO H. The logic behind conflicts in land acquisitions in contemporary China: A framework based upon game theory [J]. Land Use Policy, 2013, 30(1): 373-380.

[42] IOJĂ C I, NIĂ M R, VÂNĂU G O, et al. Using multi-criteria analysis for the identification of spatial land-use conflicts in the Bucharest Metropolitan Area [J]. Ecological Indicators, 2014, 42: 112-121.

[43] KALIAMPAKOS D, MAVRIKOS A, MENEGAKI M. Construction industry and archaeology: a land-use conflict on the island of Andros, Greece [J]. International Journal of Mining, Reclamation and Environment, 2011, 25(2): 152-160.

[44] KANDAKASI A. Customary mediation under the PNG land dispute settlement act[C]//paper delivered to the National Mediation Conference, Darwin. 2003.

[45] LAM K C, WOO L Y. Public perception of locally unwanted facilities in Hong Kong: implications for conflict resolution [J]. Local Environment, 2009, 14(9): 851-869.

[46] LARBI W O, ANTWI A, OLOMOLAIYE P. Compulsory land acquisition in Ghana—policy and praxis [J]. Land Use Policy,

2004, 21(2): 115-127.

[47] LÓPEZ M. Unlikely expropriators: why right-wing parties implemented Agrarianreform in democratic Brazil [J]. Journal of Latin American Studies, 2023, 55(1): 129-156.

[48] LUNDSGAARD-HANSEN L M, OBERLACK C, HUNT G, et al. The(in)ability of a multi-stakeholder platform to address land conflicts—lessons learnt from an oil palm landscape in Myanmar [J]. Land, 2022, 11(8): 1348.

[49] MANNARINI T, ROCCATO M, RUSSO S. The false consensus effect: A trigger of radicalization in locally unwanted land uses conflicts? [J]. Journal of Environmental Psychology, 2015(42): 76-81.

[50] MARKUSZEWSKA I. The Energy Landscape versus the Farming Landscape: The Immortal Era of Coal? [J]. Energies, 2021, 14(21): 7008.

[51] MASER C, POLLIO C A. Resolving environmental conflicts [M]. Boca Raton: CRC Press, 2011.

[52] MCAUSLAN P, TOULMIN C, QUAN J. Only the name of the country changes: the diaspora of "European" land law in Commonwealth Africa [M]. Evolving land rights, policy and tenure in Africa, 2000: 75-96.

[53] MOFFETT L, LAWTHER C, HEARTY K. Redressing displacement in Northern Ireland: identity, land and dealing with the past [J]. Political Geography, 2023(106): 102941.

[54] MURRAY A T, CHURCH R L. Spatial optimization of multiple area land acquisition [J]. Computers & Operations Research,

2023(153): 106160.

[55] MWAIJANDE F, MILLER J D, WAILES E, et al. The value of focus group discussions for understanding barriers to agriculture-tourism linkages in developing regions [J]. Journal of International Agricultural and Extension Education, 2009, 16(3): 59-63.

[56] NANHTHAVONG V, OBERLACK C, HETT C, et al. Pathways to human well-being in the context of land acquisitions in Lao PDR[J]. Global Environmental Change, 2021(68): 102252.

[57] NARAIN V. Growing city, shrinking hinterland: land acquisition, transition and conflict in peri-urban Gurgaon, India [J]. Environment and Urbanization, 2009, 21(2): 501-512.

[58] NGWENYA N, CIROLIA L R. Conflicts between and within: the 'conflicting rationalities' of informal occupation in South Africa [J]. Planning Theory & Practice, 2021, 22(5): 691-706.

[59] NOTESS L, VEIT P, MONTERROSO I, et al. Community land formalization and company land acquisition procedures: A review of 33 procedures in 15 countries [J]. Land Use Policy, 2021 (110): 104461.

[60] ORR P J, EMERSON K, KEYES D L. Environmental conflict resolution practice and performance: An evaluation framework [J]. Conflict Resolution Quarterly, 2008, 25(3): 283-301.

[61] OWUSU G, OTENG-ABABIO M, AFUTU-KOTEY R L. Conflicts and governance of landfills in a developing country city, Accra[J]. Landscape and Urban Planning, 2012, 104(1): 105-113.

[62] PATTERNS S R. Managing Conflict over Natural Resources

in Greater Kordofan, Sudan [M]. 2007.

[63] PILFLOD LARSSON E, GIRITLI NYGREN K. Cultivating thirdspace: Community, conflict and place in small-city urban gardens [J]. Landscape and Urban Planning, 2024, 243: 104959.

[64] RAIMONDI V, SCOPPOLA M. Foreign land acquisitions and environmental regulations: Does the pollution - haven effect hold? [J]. Journal of Agricultural Economics, 2022, 73(1): 172-194.

[65] RAYCHAUDHURI A. The Price of Land: Acquisition, Conflict and Consequence [J]. Trade and Development Review, 2013, 6(2).

[66] RICHETTA C. An extraversion affair: African states and the subnational locations of large-scale land acquisitions [M]. Territory, Politics, Governance, 2022: 1-22.

[67] RIVERO J J. Planning local uniqueness: Drawing the line between development and loss[J]. Journal of Planning Education and Research, 2023, 43(1): 8-19.

[68] SAHIDE M A K, SIRIMOROK N, BATIRAN K, et al. Actor-center framing on measuring land use conflict visibility [J]. MethodsX, 2021(8): 101450.

[69] SCHELLENBERG J A. Conflict resolution: Theory, research, and practice [M]. New York: Suny Press, 1996.

[70] SCHELLENBERG, J. Conflict Resolution: Theory, Research, and Practice. State University of New York Press, New York, USA, ISBN 0-7914-3101-0, 1996: 39-40.

[71] SHACKLETON R T. Loss of land and livelihoods from mining operations: Acase in the Limpopo Province, South Africa [J].

Land use policy, 2020(99): 104825.

[72] SHUKLA J, TIWARI P. Measuring inadequacy in compensation for the compulsory acquisition of land: evidence from Bengaluru, India [J]. Land, 2022, 11(5): 664.

[73] SIMMONS C S, PERZ S, PEDLOWSKI M A, et al. The changing dynamics of land conflict in the Brazilian Amazon: The rural-urban complex and its environmental implications [J]. Urban Ecosystems, 2002, 6(1-2): 99-121.

[74] STEINHÄUßER R, SIEBERT R, STEINFÜHRER A, et al. National andregional land-use conflicts in Germany from the perspective of stakeholders[J]. Land Use Policy, 2015(49): 183-194.

[75] SUSAN N. Scenario Building on Law No. 7 of 2012 about Social Conflict Intervention: The Possible Future of Land Conflict Management in Indonesia [J]. Procedia Environmental Sciences, 2013 (17): 870-879.

[76] SUSMAN R, GÜTTE A M, WEITH T. Drivers of land use conflicts in infrastructural mega projects in coastal areas: A case study of patimban seaport, Indonesia [J]. Land, 2021, 10(6): 615.

[77] SYABAN A S N, APPIAH-OPOKU S. Unveiling the Complexities of Land Use Transition in Indonesia's New Capital City IKN Nusantara: A Multidimensional Conflict Analysis [J]. Land, 2024, 13(5): 606.

[78] SZE M N M, SOVACOOL B K. Of fast lanes, flora, and foreign workers: Managing land use conflicts in Singapore [J]. Land Use Policy, 2013, 30(1): 167-176.

[79] SZE M N M, SOVACOOL B K. Of fast lanes, flora, and

foreign workers: managing land use conflicts in Singapore [J]. Land Use Policy, 2013, 30(1): 167-176.

[80] TAN R, BECKMANN V, VAN DEN BERG L, et al. Governing farmland conversion: Comparing China with the Netherlands and Germany [J]. Land Use Policy, 2009, 26(4): 961-974.

[81] TANG Y, HONG K, ZOU Y, et al. Equilibrium resolution mechanism for multidimensional conflicts in farmland expropriation based on a multistage Van Damme's model [J]. Mathematics, 2021, 9(11): 1208.

[82] TO P X, MAHANTY S, DRESSLER W H. 'A new landlord' Community, land conflict and State Forest Companies (SFCs) in Vietnam [J]. Forest Policy and Economics, 2015(58): 21-28.

[83] TUANN T. Land tenure and land acquisition enforcement in Vietnam [J]. SAGE Open, 2023, 13(1): 21582440231163102.

[84] TUDOR C A, IOJĂ I C, PĂTRU-STUPARIU I, et al. How successful is the resolution of land-use conflicts? A comparison of cases from Switzerland and Romania [J]. Applied Geography, 2014(47): 125-136.

[85] UNGER M, LAKES T. Land use conflicts and synergies on agricultural land in Brandenburg, Germany [J]. Sustainability, 2023, 15(5): 4546.

[86] URRESTA E, NIXON R. Report on research findings and policy recommendations for a legal framework for land dispute mediation [M]. Timor-Leste Land Law Program, Dili, Timor-Leste, 2004.

[87] VAN LEEUWEN M, MATHYS G, DE VRIES L, et al. From resolving land disputes to agrarian justice-dealing with the

structural crisis of plantation agriculture in eastern DR Congo [J]. The Journal of Peasant Studies，2022，49(2)：309-334.

[88] VAN LEEUWEN M. Crisis or continuity? [J]. Land Use Policy，2010，27(3)：753-762.

[89] WEHRMANN B. Land conflicts：A practical guide to dealing with land disputes [M]. Eschboen：GTZ，2008.

[90] YILDIZ T D. Effects of the private land acquisition process and costs on mining enterprises before mining operation activities in Turkey [J]. Land Use Policy，2020(97)：104784.

[91] YU A T W，WU Y，SHEN J，et al. The key causes of urban-rural conflict in China [J]. Habitat International，2015(49)：65-73.

[92] ZARAFSHANI K，ZAMANI G H，GORGIEVSKI M J. Perceptions and psychological coping strategies of farmers toward drought：Implications for extension professionals [J]. Journal of Extension Systems，2005，21(1)：58.

[93] 安建增. 地方政府的“泛治理”现象及其应对[J]. 湖北社会科学，2015(5)：50-54.

[94] 蔡毅臣，周志忍. “风险—冲突”框架下县域社会矛盾纠纷生成机理及防范策略[J]. 学习与探索，2023(11)：65-72.

[95] 陈建斌，侯丹丹. 基层政府社会矛盾治理能力评估指标体系构建研究：基于扎根理论的视角[J]. 湘潭大学学报(哲学社会科学版)，2022，46(2)：29-37.

[96] 陈建斌，侯丹丹. 县级政府社会矛盾化解能力的影响要素与提升路径：基于30个案例的定性比较分析[J]. 安徽师范大学学报(人文社会科学版)，2022，50(4)：56-65.

[97] 陈黎明，戴涛，谭朵朵，等. 财政分权、地方政府行为与经济绿色转型[J]. 财经理论与实践，2024，45(2)：68-75.

[98] 陈培芳. 城镇化进程中地方政府行为研究[D]. 重庆：西南大学，2005.

[99] 陈文权. 政务微博的崛起对提升地方政府治理能力的影响与对策探讨[J]. 云南行政学院学报，2015(1)：80-86.

[100] 陈桢，王新星. 地方能动者与中国式治理现代化的新图景："地方治理现代化：中国实践与理论建构"研讨会会议综述[J]. 经济社会体制比较，2023(6)：178-181.

[101] 楚德江. 城市化进程中的农村征地冲突：治理困境与政策选择[J]. 团结，2013(3)：37-40.

[102] 崔晶，宋红美. 城镇化进程中地方政府治理策略转换的逻辑[J]. 政治学研究，2015(2)：55-68.

[103] 邓雪. 市域社会治理现代化视角下的智慧城市建设：基于中国地市级层面的实证分析[J]. 东北大学学报(社会科学版)，2023，25(3)：77-85.

[104] 丁明春，任恒. 民主行政视域下推进地方政府治理现代化：价值意蕴、现实困境与实施方向[J]. 北京工业大学学报(社会科学版)，2023，23(6)：129-137.

[105] 丁明春，任恒. 民主行政视域下推进地方政府治理现代化：价值意蕴、现实困境与实施方向[J]. 北京工业大学学报(社会科学版)，2023，23(6)：129-137.

[106] 丁宁，金晓斌，李珍贵，等. 征地社会稳定风险评估规范化研究[J]. 中国土地科学，2013(1)：20-25.

[107] 杜博士，吴宗法. 地方政府治理对科技创新的作用机制：理论与实证[J]. 当代经济研究，2023(12)：91-102.

[108] 范铁中. 地方政府应对群体性事件的问题与对策[J]. 理论导刊，2011(12)：17-19.

[109] 方远. 农村拆迁征地存在的问题：以鄂南 L 村为例[J]. 华中师范大学研究生学报，2012(1)：60-63.

[110] 顾丽梅. 网络参与与政府治理创新之思考[J]. 中国行政管理，2010(7)：11-14.

[111] 顾丽梅. 网络参与与政府治理角色变迁之反思[J]. 浙江社会科学，2011(1)：29-35.

[112] 郭圣莉，徐新明，董玉倩. 中国土地征收补偿分配效益及其影响因素：21 个土地征收案例的比较分析[J]. 上海行政学院学报，2022，23(5)：79-91.

[113] 海云志，刘徽翰. 论地方政府应对群体性突发事件的长效机制建设[J]. 重庆工商大学学报(社会科学版)，2010(3)：92-95.

[114] 海云志. 近年来我国群体性突发事件的状况与地方政府应对能力建设[J]. 唯实，2012(12)：31-35.

[115] 韩志明. 从“粗糙的摆平”到“精致的治理”：群体性事件的衰变及其治理转型[J]. 政治学研究，2020(5)：91-100.

[116] 何楠. 社会冲突视角下的农村征地制度改革[J]. 科教导刊(中旬刊)，2010(1)：112-113.

[117] 何显明. 市场化进程中的地方政府行为自主性研究[D]. 上海：复旦大学，2007.

[118] 贺佃奎. 群体冲突：由非合意走向合意：兼谈农村群体冲突的治理[J]. 中国行政管理，2011(2)：47-51.

[119] 胡联，吉路涵，姚绍群，等. 征地价格扭曲对共同富裕的影响[J]. 华南师范大学学报(社会科学版)，2023(3)：62-78.

[120] 胡锐军. 县域社会冲突演变态势及风险源新动向分析[J]. 政

治学研究，2024(1)：153-166.

[121] 胡穗，毕微. 利益调控：我国地方政府治理群体性突发事件的路径[J]. 湖南商学院学报，2013(6)：42-45.

[122] 黄先雄，龙峰. 集体土地征收的行政自制实践机制：现状考察与完善路径[J]. 南昌大学学报(人文社会科学版)，2023，54(2)：89-99.

[123] 黄燕，孟繁. 地方政府行为演变的阶段性特征及其趋势分析[J]. 管理现代化，2006(4)：38-40.

[124] 黄影颖，陈育林. 被征地农民养老保障履责之诉中可诉行政行为的识别研究[J]. 广西民族大学学报(哲学社会科学版)，2024，46(1)：156-164.

[125] 黄长义，孙楠. 土地征收领域腐败的经济学分析[J]. 管理世界，2013(12)：174-175.

[126] 江文路，张小劲. 地方政府数字化转型的变革逻辑与路径演进：以北京市“接诉即办”数字治理改革为例[J]. 南昌大学学报(人文社会科学版)，2023，54(3)：90-100.

[127] 蒋俊杰. 近年来我国群体性事件的新特点与治理对策研究[J]. 云南行政学院学报，2014(4)：125-129.

[128] 金江峰. “经营生态”：城乡融合发展背景下地方政府行为研究[J]. 广西民族大学学报(哲学社会科学版)，2024，46(1)：28-37.

[129] 李柏霖. 多民族地区征地冲突预警及协调机制研究[J]. 价值工程，2013(11)：305-307.

[130] 李戈，葛玮. 黄河下游防洪工程(河南段)征地及移民安置管理体制探究[J]. 人民黄河，2022，44(S2)：260-262.

[131] 李晗. 地方政府征地政策的执行策略分析[J]. 管理观察，2013(32)：124-126.

［132］李红波，李柏霖，李素敏．西部多民族地区征地冲突治理机制［J］．中国土地科学，2013(3)：17-23.

［133］李棉管，覃志庆．"新官不理旧事"：基层科层制的人格化现象再思考：H镇征地安置的案例研究［J］．公共管理学报，2023，20(4)：134-146.

［134］李琴，罗序亮，张同龙．"土地换社保"能改变老年人的传统养老观念和养老行为吗?：来自征地养老保险政策实验的证据［J］．南开经济研究，2024(1)：184-204.

［135］李元华．智能化背景下社会冲突治理的妥协式纾困［J］．科技管理研究，2023，43(8)：230-236.

［136］连宏萍，陈晓兰．制度适应理论视野下的土地征收冲突与基层治理实践：以长沙市高新区为例［J］．重庆社会科学，2021(2)：6-18.

［137］梁俊山．论中国政府网络群体性事件的电子政务治理途径［J］．电子政务，2012(6)：62-68.

［138］林仁镇，唐煜金，文宏．差异化协同：开放试点中纵向政府间资源整合的行动逻辑：基于市域社会治理现代化试点工作的分析［J］．公共管理学报，2023，20(4)：78-92.

［139］林兴初．地方政府治理能力现代化路径研究［J］．行政与法，2015(4)：6-12.

［140］刘德海，苏烨．群体性突发事件调解、预警和防御的情景优化模型［J］．系统工程理论与实践，2014(10)：2609-2618.

［141］刘德海，王维国．群体性突发事件争夺优先行动权的演化情景分析［J］．公共管理学报，2011(2)：101-108.

［142］刘德海，赵悦，张旭．考虑信息搜索的环境污染群体性事件最优决策模型［J］．中国管理科学，2022，30(8)：1-11.

［143］刘德海．群体性突发事件中政府机会主义行为的演化博弈分

析[J]. 中国管理科学，2010(1)：175-183.

[144] 刘广东，申天恩. 地方政府应对群体性事件的误区及路径选择[J]. 管理观察，2015(4)：23-26.

[145] 刘金凤. 农村集体土地征收中地方政府行为研究[D]. 桂林：广西师范学院，2013.

[146] 刘人境，孙滨，刘德海. 网络群体事件政府治理的演化博弈分析[J]. 管理学报，2015(6)：911-919.

[147] 刘祖云，陈明. 从"土地冲突"到"土地风险"：中国农村土地问题研究的理论进路[J]. 中国土地科学，2012(8)：23-28.

[148] 柳建坤，张云亮. 土地征用对失地农民生活质量的影响[J]. 农林经济管理学报，2023，22(2)：254-262.

[149] 柳建文，孙梦欣. 农村征地类群体性事件的发生及其治理：基于冲突过程和典型案例的分析[J]. 公共管理学报，2014(2)：101-114.

[150] 吕同舟. 风险规避：地方政府治理中的一个逻辑[J]. 管理现代化，2014(5)：84-86.

[151] 马万里. 行为经济学视角下地方政府行为生成与演进：制度—心理有机互动的新框架[J]. 人文杂志，2024(3)：49-62.

[152] 马学广，王爱民，闫小培. 从行政分权到跨域治理：我国地方政府治理方式变革研究[J]. 地理与地理信息科学，2008(1)：49-55.

[153] 孟宏斌，郑风田. 我国农村土地征用中的制度缺陷与主体利益冲突演化[J]. 陕西师范大学学报(哲学社会科学版)，2010(4)：106-111.

[154] 倪松玉. 地方政府处理群体性事件的对策探索[J]. 天水行政学院学报，2015(1)：61-64.

[155] 潘思蔚，刘殷东，黄冬娅. 地方政府在营商环境治理创新中

的转型与调适：基于浙江政务服务增值化改革的案例研究[J]. 治理研究，2024，40(2)：107-122.

[156] 庞明礼，梁靖柯. 领导注意力驱动何以失效?：基于T县项目征地的案例分析[J]. 公共管理学报，2024(3)：91-99.

[157] 戚建刚. 论群体性事件的行政法治理模式：从压制型到回应型的转变[J]. 当代法学，2013(2)：24-32.

[158] 任恒熠. 浅析如何提高地方政府治理能力：基于大数据的视角[J]. 新西部(理论版)，2014(23)：66-67.

[159] 沈荣华. 提升地方政府治理能力的三重逻辑[J]. 中共福建省委党校学报，2015(1)：12-19.

[160] 史云贵. 我国现阶段社会群体性突发事件的反思与应对[J]. 政治学研究，2009(2)：68-74.

[161] 孙小雨. 论农地征收中的利益兼顾：国家权力本位向被征收人权利本位让渡之限度[J]. 湖北社会科学，2024(1)：149-158.

[162] 孙怡平，蔡银莺，谢晋，等. 生计模式分化视域下城郊农户征地预期的影响因素研究：以武汉市蔡甸区为例[J]. 农业现代化研究，2023，44(3)：410-420.

[163] 孙月蓉，李永清. 转型期农村土地冲突爆发原因探究[J]. 经济问题，2012(7)：92-95.

[164] 孙召鹏，杨侠. 创新社会管理，治理农村征地冲突[J]. 团结，2013(3)：44-47.

[165] 谭术魁，齐睿，张红霞. 征地冲突后果评价与预警[J]. 中国土地科学，2012(2)：19-24.

[166] 谭术魁，齐睿. 三步走治理征地冲突[J]. 团结，2013(3)：41-43.

[167] 谭术魁，齐睿. 中国征地冲突博弈模型的构建与分析[J]. 中

国土地科学，2010(3)：25-29.

[168] 谭术魁，涂姗. 征地冲突中利益相关者的博弈分析：以地方政府与失地农民为例[J]. 中国土地科学，2009(11)：27-31.

[169] 谭术魁. 中国频繁爆发征地冲突的原因分析[J]. 中国土地科学，2008(6)：44-50.

[170] 谭英俊. 整体性治理视域下地方政府政策执行力提升的新思路[J]. 学习与实践，2014(12)：46-54.

[171] 唐曼，王刚. 行为模仿：地方政府行为的一个分析框架：基于多案例的研究[J]. 公共行政评论，2021，14(3)：158-175.

[172] 唐天伟，曹清华，郑争文. 地方政府治理现代化的内涵、特征及其测度指标体系[J]. 中国行政管理，2014(10)：46-50.

[173] 陶国根，黄毅峰. 群体性突发事件中的网络谣言分析及控制策略[J]. 中国井冈山干部学院学报，2011(3)：87-92.

[174] 田润宇. 当代中国地方政府行为模式分析：政府偏好—政府过程—政府工具视角[J]. 行政与法，2010(5)：9-13.

[175] 田润宇. 我国地方政府行为模式的基本特征与制度解析[J]. 广东行政学院学报，2010(2)：11-15.

[176] 汪冬宁，李珍贵. 当前我国征地风险评估制度初探[J]. 南京社会科学，2011(10)：86-91.

[177] 汪奎，丁小珊. 水电站建设征地移民安置补偿费用构成特点研究[J]. 人民黄河，2023，45(S1)：181-182.

[178] 王帆宇. 环境群体性事件的衰变及其治理模式变革：从“粗放式摆平”到“精细化治理”[J]. 中国矿业大学学报(社会科学版)，2022，24(5)：50-65.

[179] 王刚，郑欣. “叠加”抑或“挤出”：累加任务影响地方政府行为的多重效应分析[J]. 公共管理学报，2024，21(1)：82-93.

[180] 王金环. 乡村治理中征地冲突与消解机制研究：基于退出成本博弈视角[J]. 领导科学，2020(10)：112-115.

[181] 王珺. 增长取向的适应性调整：对地方政府行为演变的一种理论解释[J]. 管理世界，2004(8)：53-60.

[182] 王力立，刘波，姚引良. 地方政府网络治理协同行为实证研究[J]. 北京理工大学学报(社会科学版)，2015(1)：53-61.

[183] 王猛. 从地方回应、中央推广到自发学习：政府治理创新的过程演变与结构约束：基于网格化管理的纵向案例研究[J]. 求实，2023(4)：44-61.

[184] 王瑞雪，陈建成，李民桓. 自然资源丰裕度、地方政府行为与生态文明建设[J]. 统计与决策，2023，39(23)：51-56.

[185] 王世俊. 国家治理能力与地方政府治理能力建设[J]. 中外企业家，2014(22)：187-189.

[186] 王斯亮. 征地制度改革的"三元悖论"及其破解[J]. 农业经济问题，2023(12)：72-84.

[187] 王文斌，崔兆在. 征收土地纠纷案件司法救济的困境反思与突破：基于S省法院司法实践的分析[J]. 中国不动产法研究，2022(1)：246-261.

[188] 王晓慧. 农地征用中地方政府行为的研究[D]. 西安：陕西师范大学，2012.

[189] 王雪梅. 地方政府多中心治理模式探析[J]. 人民论坛，2011(14)：54-56.

[190] 王扬亭. 我国新型城镇化进程中的地方政府行为研究[D]. 济南：山东师范大学，2014.

[191] 王艺潼，周志忍. 为安全而竞争：理解地方政府行为的新视角[J]. 中国行政管理，2023(7)：127-134.

［192］王永香，刘洋，李伟．中国农村土地征收制度变迁的轨迹、逻辑与动力机制：基于历史制度主义视角［J］．西北农林科技大学学报（社会科学版），2023，23(1)：67-76.

［193］王珍琦，叶兴艺．群体性事件中的政府危机公关［J］．辽宁行政学院学报，2012(5)：26-27.

［194］翁士洪，波拉提江．基层治理现代化试点中的公共价值生产：以上海L城中村物业化管理为例［J］．河南社会科学，2024，32(4)：106-116.

［195］吴碧英．群体性事件视阈下提升基层政府公信力策略探讨：以闽侯县为例［J］．福州党校学报，2014(3)：24-28.

［196］吴江，王斌，申丽娟．中国新型城镇化进程中的地方政府行为研究［J］．中国行政管理，2009(3)：88-91.

［197］肖文涛．群体性事件：当前态势与地方政府应对思路［J］．学习论坛，2010(5)：51-55.

［198］谢炜聪．群体性事件中基层政府与农民利益冲突的原因及化解对策［J］．广东广播电视大学学报，2009(1)：30-32.

［199］徐立娟．理性与情感的互构：农村扶贫资源分配中的冲突治理［J］．领导科学，2022(9)：129-132.

［200］阎巍，唐旭丰．预征收补偿安置协议效力及责任问题探讨［J］．中国土地科学，2023，37(9)：10-16.

［201］杨帆．现行征地制度下城乡接合部官民主体利益冲突根源分析［J］．农村经济与科技，2013(6)：69-71.

［202］杨建坤．中央督察常态化下的地方政府行为选择：来自中央环保督察常态化的经验证据［J］．公共管理与政策评论，2024，13(3)：116-137.

［203］杨丽芳．群体性事件应对中的地方政府角色［J］．中共天津市

委党校学报，2014(2)：94-98.

[204] 姚引良，刘波，汪应洛. 地方政府网络治理与和谐社会构建的理论探讨[J]. 中国行政管理，2009(11)：91-94.

[205] 姚引良，刘波，王少军，等. 地方政府网络治理多主体合作效果影响因素研究[J]. 中国软科学，2010(1)：138-149.

[206] 叶托. 中国地方政府行为选择研究[D]. 杭州：浙江大学，2012.

[207] 余成龙，陈尧. 信息裁量权：地方政府行为的一个解释视角[J]. 经济社会体制比较，2023(5)：107-119.

[208] 虞晓芬，金细簪. 城市征地拆迁中谋利型抵制行为的思考[J]. 城市发展研究，2013(12)：151-153.

[209] 郁建兴，冯涛. 城市化进程中的地方政府治理转型：一个新的分析框架[J]. 社会科学，2011(11)：4-11.

[210] 原珂. 公共冲突治理视域下中国社会治理制度建设的反思与前瞻[J]. 江海学刊，2021(6)：131-138.

[211] 张广利，杨墉栋，王伯承. 风险社会治理视阈下地方政府的角色冲突及其调适[J]. 河海大学学报(哲学社会科学版)，2022，24(1)：47-53.

[212] 张红霞，谭术魁. 黑恶势力插手征地拆迁的现象剖析[J]. 团结，2013(6)：48-50.

[213] 张继红，刘琼莲. 新时代地方政府完善公众参与机制的困境与重构：以群体性事件为例[J]. 云南行政学院学报，2020，22(1)：101-106.

[214] 张紧跟. 参与式治理：地方政府治理体系创新的趋向[J]. 中国人民大学学报，2014(6)：113-123.

[215] 张乐，童星. 环境冲突治理中的结构固化与功能障碍[J]. 学

术界，2019(5)：110-121.

[216] 张琳，王亚辉. 征地过程中的参与者行为分析与机制设计[J]. 广东土地科学，2014(2)：30-38.

[217] 张敏，马万里. 财政纵向失衡约束下地方政府的经济行为逻辑：基于中国特色财政激励的视角[J]. 中央财经大学学报，2024(4)：31-41.

[218] 张南. 地方政府防范征地冲突群体性事件话语评价研究[J]. 天津商业大学学报，2021，41(4)：31-37.

[219] 张学辉，王如渊. 基于地方政府行为的农地非农化均衡模型[J]. 中国土地科学，2009(6)：4-8.

[220] 张扬，刘芳欣，翟海燕. 抽水蓄能电站征地移民后评价研究[J]. 建筑经济，2023，44(S2)：555-559.

[221] 赵波. 群体性事件的成因分析与防治路径研究[J]. 理论月刊，2015(2)：168-172.

[222] 钟蔚. 城市化进程中征地利益博弈的冲突行为分析与公共治理思路[J]. 现代经济探讨，2013(4)：28-31.

[223] 钟哲. 地方政府社会治理创新可持续性提升的路径选择：以制度伦理[J]. 东北师范大学学报(哲学社会科学版)，2015(2)：11-16.

[224] 朱春奎，廖福崇. 地方政府治理数字化转型的案例研究[J]. 河南社会科学，2023，31(10)：72-83.

[225] 朱力. 中国社会风险解析：群体性事件的社会冲突性质[J]. 学海，2009(1)：69-78.

[226] 朱卫卿. 地方政府公信力的现实困境及其机制重建[J]. 云南行政学院学报，2014(3)：26-29.

[227] 朱玉明. 地方利益、政府利益与官员利益：对地方政府行为的经济分析[J]. 东岳论丛，2006(1)：93-96.

[228] 祝天智，黄汝娟. 公正视域的农村征地冲突及其治理[J]. 理论探索，2013(4)：66-70.

[229] 祝天智. 国家与社会关系视野中的农村征地冲突及其治理[J]. 上海行政学院学报，2013(3)：96-103.

[230] 祝天智. 农村征地冲突的整体性治理研究[J]. 中国行政管理，2013(10)：52-56.

[231] 邹秀清，钟骁勇，肖泽干，等. 征地冲突中地方政府、中央政府和农户行为的动态博弈分析[J]. 中国土地科学，2012(10)：54-60.

附录 1　地方政府防范 MITLE 主要文件汇编

年份	发布单位	文件名称	文号
2023	自然资源部	关于加强和规范规划实施监督管理工作的通知	自然资规〔2023〕237 号
2023	自然资源部	关于印发土地征收成片开发标准的通知	自然资规〔2023〕7 号
2023	农业农村部办公厅	关于加强农业综合行政执法队伍作风建设的通知	农办法〔2023〕11 号
2022	国务院	关于做好 2022 年全面推进乡村振兴重点工作的意见	意见
2021	国务院办公厅	关于印发《中华人民共和国政府信息公开工作年度报告格式》的通知	国办公开办函〔2021〕30 号
2021	自然资源部	关于公开全国征地区片综合地价信息的公告	公告
2021	国务院办公厅	转发司法部关于审理政府信息公开行政复议案件若干问题指导意见的通知	国办函〔2021〕132 号
2020	国务院	关于抓好“三农”领域重点工作确保如期实现全面小康的意见	意见
2019	自然资源部	关于加快制定征收农用地区片综合地价工作的通知	自然资办发〔2019〕53 号
2019	自然资源部	关于加快制定征收农用地区片综合地价工作的通知	自然资办发〔2019〕53 号
2019	国务院办公厅	关于政府信息公开工作年度报告有关事项的通知	国办公开办函〔2019〕60 号

续表

年份	发布单位	文件名称	文号
2018	国家发展改革委办公厅	关于通报 2017 年行政许可和行政处罚等信用信息公开工作第三方评估结果暨启动 2018 年评估工作的通知	发改办财金〔2018〕548 号
2017	国务院	关于修改《大中型水利水电工程建设征地补偿和移民安置条例》的决定	国务院令等 679 号
2016	国土资源部	土地利用年度计划管理办法实施	国土资源部令
2015	国务院办公厅	关于印发 2015 年政府信息公开工作要点的通知	国办发〔2015〕22 号
2014	国务院法制办	关于认定“被征地农民知道”征收土地决定有关问题的意见	国法〔2014〕40 号
2014	国土资源部办公厅	关于进一步做好市县征地信息公开工作有关问题的通知	国土资厅发〔2014〕29 号
2013	国土资源部办公厅	关于严格管理防止违法违规征地的紧急通知	国土资电发〔2013〕28 号
2012	国务院办公厅	关于印发 2012 年政府信息公开重点工作安排的通知	国办发〔2012〕26 号
2012	国务院办公厅	关于 2012 年纠风工作的实施意见	国办发〔2012〕25 号
2011	国务院	国有土地上房屋征收与补偿条例	国务院令 第 590 号
2011	公安部党委	2011 年公安机关党风廉政建设和反腐败工作意见	意见
2011	中共中央纪律委员会	关于加强监督检查进一步规范征地拆迁行为的通知	中纪办发〔2011〕8 号
2011	国土资源部办公厅	关于切实做好征地拆迁管理工作的紧急通知	国土资电发〔2011〕72 号
2011	国务院法制办公室	关于依法做好征地补偿安置争议行政复议工作的通知	国法〔2011〕35 号

续表

年份	发布单位	文件名称	文号
2011	国务院办公厅	关于开展征地拆迁制度规定落实情况专项检查的通知	国办发明电〔2011〕18 号
2011	最高人民法院	最高人民法院关于坚决防止土地征收、房屋拆迁强制执行引发恶性事件的紧急通知	通知
2011	最高人民法院	最高人民法院关于审理涉及农村集体土地行政案件若干问题的规定	审判委员会第 1522 次会议
2010	国务院办公厅	关于进一步严格征地拆迁管理工作切实维护群众合法权益的紧急通知	国办发明电〔2010〕15 号
2010	国土资源部	关于进一步做好征地管理工作的通知	国土资发〔2010〕96 号
2010	国务院	禁止非法强拆紧急通知	国办发明电〔2010〕15 号
2009	国土资源部办公厅	国土资源违法线索处理办法	国土资厅发〔2009〕76 号
2009	国土资源部办公厅	国土资源部政府信息公开暂行办法	国土资厅发〔2009〕69 号
2008	国土资源部	关于切实做好征地统一年产值标准和区片综合地价公布实施工作的通知	国土资发〔2008〕135 号
2008	最高人民检察院	关于加强查办危害土地资源渎职犯罪工作的指导意见	高检发渎检字〔2008〕12 号
2007	监察部/人社部/国土部	违反土地管理规定行为处分办法	第 15 号令
2006	国土部、劳动保障部	关于切实做好被征地农民社会保障工作有关问题的通知	国发〔2006〕31 号

续表

年份	发布单位	文件名称	文号
2006	国土资源部	关于坚持依法依规管理节约集约用地支持社会主义新农村建设的通知	国土资发〔2006〕52号
2006	劳动保障部	关于做好被征地农民就业培训和社会保障工作指导意见的通知	国办发〔2006〕29号(转)
2006	国土资源部	关于严明法纪坚决制止土地违法的紧急通知	国土资电发〔2006〕22号
2006	国务院	关于加强土地调控有关问题的通知	国发〔2006〕31号
2006	国土资源部	关于加快推进征地补偿安置争议协调裁决制度的通知	国土资发〔2006〕133号
2005	国土资源部	国土资源信访规定	国土资源部令第32号
2004	国务院	国务院关于深化改革严格土地管理的决定	国发〔2004〕28号
2004	国土资源部	国土资源部关于完善征地补偿安置制度的指导意见	国土资发〔2004〕238号
2004	国土资源部	关于完善征地补偿安置制度的指导意见	国土资发〔2004〕238号
2004	国土资源部	关于切实加强国土资源政务信息网上公开促进依法行政和行政为民的通知	国土资发〔2004〕107号
2003	国土资源部	国土资源听证规定	国土资源部令第22号
2003	国土资源部	关于进一步采取措施落实严格保护耕地制度的通知	国土资发〔2003〕388号
2002	国土资源部	关于切实维护被征地农民合法权益的通知	国土资发〔2002〕225号

续表

年份	发布单位	文件名称	文号
2001	国土资源部	征用土地公告办法	国土资源部令第 10 号
2001	国土资源部	关于切实做好征地补偿安置工作的通知	国土资发〔2001〕358 号
2001	国土资源部	国土资源行政复议规定	国土资源部令第 8 号
2023	湖北省自然资源部	关于印发湖北省自然资源行政处罚自由裁量基准（土地类）（试行）的通知	鄂自然资规〔2023〕1 号
2023	湖北省人民政府	关于重新公布全省征地区片综合地价标准的通知	鄂政发〔2023〕16 号
2019	湖北省政务管理办	关于规范政府信息依申请公开办理程序的通知	鄂政管办发 〔2019〕4 号
2018	湖北省人民政府	关于推进公共资源配置领域政府信息公开的实施意见	鄂政办发〔2018〕23 号
2016	湖北省人民政府	关于印发湖北省政府信息公开基本目录（2016 年）的通知	鄂政办函〔2016〕112 号
2015	湖北省人社厅	湖北省被征地农民养老保险补偿实施细则	鄂人社发〔2015〕2 号
2015	湖北省国土资源厅	关于做好征地信息公开工作的通知	鄂土资办〔2015〕10 号
2014	湖北省人民政府	关于公布湖北省征地统一年产值标准和区片综合地价的通知	鄂政发〔2014〕12 号
2014	湖北省人民政府	省人民政府关于被征地农民参加基本养老保险的指导意见	鄂政发〔2014〕53 号
2014	湖北省国土资源厅	纠正征地拆迁领域损害群众利益的不正之风专项工作方案	鄂土资函〔2014〕966 号
2014	湖北省国土资源厅	关于公布征地补偿安置倍数、修正系数及青苗补偿标准的函	鄂土资函〔2014〕242 号

续表

年份	发布单位	文件名称	文号
2013	湖北省国土资源厅	湖北省征地补偿标准调整工作方案	鄂土资函〔2013〕587 号
2011	湖北省国土资源厅	省国土资源厅关于进一步加强和规范征地管理工作的通知	鄂土资发〔2011〕18 号
2010	湖北省人民政府	湖北省征地补偿安置争议协调裁决办法	鄂政发〔2010〕13 号
2010	湖北省国土资源厅	国土资源领域重大事项社会稳定风险评估办法(试行)〉	鄂土资发〔2010〕98 号
2008	湖北省人民政府	湖北省人民政府关于加强市县政府依法行政的实施意见	鄂政发〔2008〕59 号
2007	湖北省人民政府	湖北省行政复议实施办法	湖北省人民政府令第 309 号
2005	湖北省人民政府	关于进一步加强征地管理切实保护被征地农民合法权益的通知	鄂政发〔2005〕11 号
2004	湖北省政府办公厅	关于做好农村土地征用中上访工作切实维护社会稳定的通知	鄂政办电〔2004〕110 号
2002	湖北省九届人大常委会	湖北省国土资源监督检查条例	常委会第 29 次会议
2001	湖北省人民政府	湖北省实施行政执法责任制规定	湖北省人民政府令第 214 号
2024	武汉市人民政府	关于公布武汉市征收集体建设用地和未利用地补偿标准的通知	武政规〔2024〕7 号
2023	武汉市人民政府	武汉市集体土地征收补偿安置办法	政府令第 317 号
2022	武汉市人民政府	关于实施武汉市被征收土地上的附着物和青苗补偿标准的通知	武政规〔2022〕3 号

续表

年份	发布单位	文件名称	文号
2021	武汉市人民政府	关于印发武汉市人力资源和社会保障事业发展“十四五”规划的通知	武政〔2021〕20 号
2018	武汉市人民政府	关于印发 2018 年政务公开和政务服务工作要点的通知	武政办〔2018〕103 号
2017	武汉市人民政府	关于印发武汉市被征收集体土地上房屋拆迁申请强制执行规定的通知	武政规〔2017〕6 号
2015	武汉市人民政府	武汉市被征地农民参加基本养老保险实施办法的通知	武政规〔2015〕13 号
2015	武汉市人民政府	武汉市人民政府重大行政决策程序规定	政府令第 266 号
2015	武汉市人民政府办公厅	武汉市法治政府建设 2015 年工作计划	武政办〔2015〕62 号
2014	武汉市人民政府	武汉市行政过错责任追究办法	政府令第 257 号
2012	武汉市人民政府	武汉市国有土地上房屋征收与补偿实施办法	政府令第 234 号
2012	武汉市人民政府办公厅	关于对参加城乡居民社会养老保险的被征地农民增加补助养老金意见的通知	武政办〔2012〕147 号
2010	市人社局/农业局/财政局	关于进一步做好我市被征地农民基本生活保障工作的意见	武政办〔2010〕90 号
2009	武汉市市人社局	关于做好被征地农民社会保障和就业培训工作的意见	武政办〔2009〕139 号
2009	武汉市人民政府	武汉市违反土地管理规定行政首长问责暂行办法	政府令第 196 号
2005	武汉市人民政府	武汉市重特大突发公共事件应急处置办法(试行)	政府令第 162 号
2005	武汉市人民政府	关于加强土地管理依法查处违法用地的通知	武政〔2005〕41 号

续表

年份	发布单位	文件名称	文号
2004	武汉市物价局/国土局	关于征用集体所有土地房屋拆迁基地区位补偿价标准的通知	武价房字〔2004〕73 号
2004	武汉市城市规划管理局	武汉市历史遗留无证房屋拆迁补偿处理意见(试行)	武规拆字〔2003〕9 号
2004	武汉市城市规划管理局	关于房屋拆迁货币补偿增加房屋拆迁补助费的通知	武规拆字〔2003〕14 号
2004	武汉市人民政府	武汉市政府信息公开暂行规定	政府令第 156 号
2004	武汉市人民政府	武汉市实施行政许可听证程序规定	政府令第 157 号
2004	武汉市人民政府办公厅	关于切实做好农村土地征用中引发的群众上访工作的通知	武政办〔2004〕129 号
2003	武汉市城市规划管理局	关于规范建设项目房屋拆迁现场管理的通知	武规拆字〔2003〕13 号
2003	武汉市城市规划管理局	关于规范房屋拆迁评估结果告知问题的通知	武规拆字〔2003〕12 号
2003	武汉市人民政府	武汉市征用集体所有土地补偿安置办法	政府令第 149 号
2003	武汉市人民政府	武汉市征用集体所有土地房屋拆迁管理办法	政府令第 148 号
2002	市物价局/国土局	关于制定我市中心城区房屋搬迁补助费和临时安置费等标准的通知	武价房字〔2002〕75 号
2002	武汉市人民政府	武汉市城市房屋拆迁管理实施办法	政府令第 130 号

附录 2　地方政府防范 MITLE 路径调查问卷

尊敬的女士/先生：

您好！

这是一份纯学术性问卷，主要目的是了解地方政府在防范征地冲突群体性事件过程中所采用的措施和手段。您的协助对完成本研究具有重要意义。

本问卷以匿名方式填写，且您的回答仅用于学术研究，所有资料将被严格保密，不会用于其他非学术性用途。因此，我们由衷地希望您挤出宝贵时间为本问卷提供准确和完整的答案。谢谢！

注：征地冲突群体性事件简称 MITLE

一、地方政府防范征地冲突群体性事件能力

1.您所在地方政府在防范 MITLE 过程中的获取信息能力如何？

□能力很强　□能力较强　□能力一般　□能力较弱　□能力很差

2.您所在地方政府在防范 MITLE 过程中的利益协调能力如何？

□能力很强　□能力较强　□能力一般　□能力较弱　□能力很差

3.您所在地方政府在防范 MITLE 过程中的政策执行能力如何？

□能力很强　□能力较强　□能力一般　□能力较弱　□能力很差

4.您所在地方政府在防范 MITLE 过程中的风险预警能力如何?

□能力很强 □能力较强 □能力一般 □能力较弱 □能力很差

5.您所在地方政府在防范 MITLE 过程中的矛盾调解能力如何?

□能力很强 □能力较强 □能力一般 □能力较弱 □能力很差

6.您所在地方政府在防范 MITLE 过程中的冲突处置能力如何?

□能力很强 □能力较强 □能力一般 □能力较弱 □能力很差

7.您所在地方政府对征地群体性事件发生的敏感度如何?

□非常敏感 □较为敏感 □一般敏感 □不太敏感 □很不敏感

8.您所在地方政府对征地过程中发生的一般性纠纷的重视度如何?

□非常重视 □较为重视 □一般重视 □不太重视 □很不重视

9.您所在地方政府对防范征地群体事件发生预案的充足度如何?

□非常充足 □较为充足 □一般充足 □不太充足 □很不充足

10.您所在地方政府在征地过程中的对违法违规处理是否严肃处理?

□非常严肃 □较为严肃 □一般严肃 □不太严肃 □很不严肃

11.您所在地方政府在征地前是否严格进行征地风险评估?

□非常严格 □较为严格 □一般严格 □不太严格 □很不严格

12.您所在地方政府在征地时是否严格进行征地听证?

□非常严格 □较为严格 □一般严格 □不太严格 □很不严格

13.您所在地方政府当前的征地过程是否做到了公开公正？

□完全做到　□较好做到　□一般做到　□基本做到　□完全没有

14.您所在地方政府对征地过程中的资金使用的监督是否严格？

□非常严格　□较为严格　□一般严格　□不太严格　□很不严格

15.您所在地方政府在征地过程中纪律要求是否严格？

□非常严格　□较为严格　□一般严格　□不太严格　□很不严格

二、征地冲突群体性事件诱发影响程度

16.您认为征地补偿不公对诱发 MITLE 的影响度如何？

□影响很大　□影响较大　□影响一般　□影响较小　□没有影响

17.您认为公职人员腐败对诱发 MITLE 的影响度如何？

□影响很大　□影响较大　□影响一般　□影响较小　□没有影响

18.您认为地方政府违法征地对诱发 MITLE 的影响度如何？

□影响很大　□影响较大　□影响一般　□影响较小　□没有影响

19.您认为地方政府行政不规范对诱发 MITLE 的影响度如何？

□影响很大　□影响较大　□影响一般　□影响较小　□没有影响

20.您认为地方政府征地利益表达渠道受阻对诱发 MITLE 的影响度如何？

□影响很大　□影响较大　□影响一般　□影响较小　□没有影响

21.您认为地方政府征地程序不规范对诱发 MITLE 的影响度如何？

□影响很大　□影响较大　□影响一般　□影响较小　□没有影响

22.您认为土地产权模糊对诱发 MITLE 的影响度如何？

□影响很大　□影响较大　□影响一般　□影响较小　□没有影响

23.您认为农民社会地位低对诱发 MITLE 的影响度如何？

□影响很大　□影响较大　□影响一般　□影响较小　□没有影响

三、地方政府综合调控路径防范征地冲突群体性事件

24.您认为行政复议对地方政府防范 MITLE 的帮助有多大？

□非常大　□很大　□一般大　□不大　□没有帮助

25.您认为行政诉讼对地方政府防范 MITLE 的帮助有多大？

□非常大　□很大　□一般大　□不大　□没有帮助

26.您认为征地信访对地方政府防范 MITLE 的帮助有多大？

□非常大　□很大　□一般大　□不大　□没有帮助

27.您认为人民调解对地方政府防范 MITLE 的帮助有多大？

□非常大　□很大　□一般大　□不大　□没有帮助

28.您认为公安干预对地方政府防范 MITLE 的帮助有多大？

□非常大　□很大　□一般大　□不大　□没有帮助

29.您所在地方政府对征地纠纷或冲突救济的渠道是否畅通？

□非常畅通 □较为畅通 □一般畅通 □基本畅通 □很不畅通

四、地方政府政策把控路径防范征地冲突群体性事件

30.您所在地方政府防范MITLE政策体系的完善性如何？

□非常完善 □较为完善 □一般完善 □基本完善 □很不完善

31.您所在地方政府防范MITLE政策法规的时效性如何？

□时效很强 □时效较好 □时效一般 □时效较弱 □时效很差

32.您所在地方政府防范MITLE政策法规的科学性如何？

□非常科学 □较为科学 □一般科学 □基本科学 □很不科学

33.您所在地方政府防范MITLE政策法规制定的民主性如何？

□非常民主 □较为民主 □一般民主 □基本民主 □很不民主

34.您所在地方政府防范MITLE政策法规的稳定性如何？

□非常稳定 □较为稳定 □一般稳定 □基本稳定 □很不稳定

35.您所在地方政府防范MITLE政策法规的连续性如何？

□非常连续 □较为连续 □一般连续 □基本连续 □很不连续

36.您所在地方政府防范MITLE政策法规的权威性如何？

□非常权威 □较为权威 □一般权威 □基本权威 □很不权威

37.您所在地方政府防范 MITLE 政策法规之间的冲突度如何？

□没有冲突　□有点冲突　□冲突一般　□冲突较多　□非常冲突

38.您所在地方政府防范 MITLE 政策法规执行力度如何？

□力度很强　□力度较好　□力度一般　□力度较弱　□力度很差

39.您所在地方政府对上级防范 MITLE 政策法规的重视度如何？

□非常重视　□较为重视　□一般重视　□基本重视　□很不重视

40.您认为政策法规总体对防范征地群体事件发生作用度如何？

□非常有用　□较为有用　□一般有用　□基本有用　□基本没用

五、地方政府组织管控路径防范征地冲突群体性事件

41.您认为成立征地维稳领导小组（指挥部）对防范 MITLE 的作用如何？

□作用很强　□作用较大　□作用一般　□作用较弱　□没有作用

42.您认为征地维稳领导小组组长的行政级别对防范 MITLE 的作用如何？

□作用很强　□作用较大　□作用一般　□作用较弱　□没有作用

43.您所在地方政府防范 MITLE 的组织主体责任是否明确？

□非常明确　□较为明确　□一般明确　□不太明确　□很不明确

44.您所在地方政府防范 MITLE 过程中各部门之间的协同度如何?

□协同完美　□协同较好　□协同一般　□协同较弱　□没有协同

45.您所在地方政府防范 MITLE 过程中各部门之间的牵制性如何?

□牵制很强　□牵制较大　□牵制一般　□牵制较弱　□没有牵制

46.您所在地方政府防范 MITLE 涉及的具体业务流程是否科学?

□非常科学　□较为科学　□一般科学　□不太科学　□很不科学

47.您所在地方政府及职能部门在防范 MITLE 中职权责划分是否明确?

□非常明确　□较为明确　□一般明确　□不太明确　□很不明确

六、有关访谈问题

1.您所在地方政府防范征地冲突群体性事件的组织机构有哪些?哪些是主要组织机构?各组织机构的职权和责任是什么?主要负责人行政级别是什么?

2.您所在地方政府防范征地冲突群体性事件所依据的政策、法规、预案有哪些?其中主要的法律依据是什么?

3.您所在地方政府防范征地冲突群体性事件所采取的主要策略有哪些?哪些策略比较有效?

4.您认为政策把控路径、组织管控路径、综合调控路径对防范征地冲突群体性事件影响如何?作用度分别多大?